I0177229

PREFACIO

La colección de guías de conversación para viajar "Todo irá bien" publicada por T&P Books está diseñada para personas que viajan al extranjero para turismo y negocios. Las guías contienen lo más importante - los elementos esenciales para una comunicación básica.Éste es un conjunto de frases imprescindibles para "sobrevivir" mientras está en el extranjero.

Esta guía de conversación le ayudará en la mayoría de los casos donde usted necesite pedir algo, conseguir direcciones, saber cuánto cuesta algo, etc. Puede también resolver situaciones difíciles de la comunicación donde los gestos no pueden ayudar.

Este libro contiene muchas frases que han sido agrupadas según los temas más relevantes.También encontrará un mini diccionario con palabras útiles - números, hora, calendario, colores...

Llévese la guía de conversación "Todo irá bien" en el camino y tendrá una insustituible compañera de viaje que le ayudará a salir de cualquier situación y le enseñará a no temer hablar con extranjeros.

TABLA DE CONTENIDOS

T&P Books Publishing

Colección de guías de conversación
"¡Todo irá bien!"

T&P Books Publishing

GUÍA DE CONVERSACIÓN DANÉS

LAS PALABRAS Y LAS FRASES MÁS ÚTILES

Esta Guía de Conversación contiene las frases y las preguntas más comunes necesitadas para una comunicación básica con extranjeros

Andrey Taranov

T&P BOOKS

Guía de conversación + diccionario de 250 palabras

Guía de conversación Español-Danés y mini diccionario de 250 palabras

por Andrey Taranov

La colección de guías de conversación para viajar "Todo irá bien" publicada por T&P Books está diseñada para personas que viajan al extranjero para turismo y negocios. Las guías contienen lo más importante - los elementos esenciales para una comunicación básica. Éste es un conjunto de frases imprescindibles para "sobrevivir" mientras está en el extranjero.

También encontrará un mini diccionario con 250 palabras útiles necesarias para la comunicación diaria - los nombres de los meses y de los días de la semana, medidas, miembros de la familia, y más.

Copyright © 2024 T&P Books Publishing

Todos los derechos reservados. Ninguna porción de este libro puede reproducirse o utilizarse de ninguna manera o por ningún medio; sea electrónico o mecánico, lo cual incluye la fotocopia, grabación o información almacenada y sistemas de recuperación, sin el permiso escrito de la editorial.

T&P Books Publishing
www.tpbooks.com

ISBN: 978-1-78616-887-0

Este libro está disponible en formato electrónico o de E-Book también.
Visite www.tpbooks.com o las librerías electrónicas más destacadas en la Red.

PRONUNCIACIÓN

La letra	Ejemplo danés	T&P alfabeto fonético	Ejemplo español
Aa	Afrika, kompas	[æ], [ɑ], [ɑ:]	comentar
Bb	barberblad	[b]	en barco
Cc	cafe, creme	[k]	charco
Cc [1]	koncert	[s]	salva
Dd	direktør	[d]	desierto
Dd [2]	facade	[ð]	alud
Ee	belgier	[e], [ə]	viernes
Ee [3]	elevator	[ɛ]	mes
Ff	familie	[f]	golf
Gg	mango	[g]	jugada
Hh	høne, knurhår	[h]	registro
Ii	kolibri	[i], [i:]	tranquilo
Jj	legetøj	[j]	asiento
Kk	leksikon	[k]	charco
Ll	leopard	[l]	lira
Mm	marmor	[m]	nombre
Nn	natur, navn	[n]	número
ng	omfang	[ŋ]	manga
nk	punktum	[ŋ]	manga
Oo	fortov	[o], [ɔ]	bolsa
Pp	planteolie	[p]	precio
Qq	sequoia	[k]	charco
Rr	seriøs	[ʁ]	R francesa (gutural)
Ss	selskab	[s]	salva
Tt	strøm, trappe	[t]	torre
Uu	blæksprutte	[u:]	jugador
Vv	børnehave	[ʊ]	cerveza
Ww	whisky	[w]	acuerdo
Xx	Luxembourg	[ks]	taxi
Yy	lykke	[y], [ø]	luterano
Zz	Venezuela	[s]	salva
Ææ	ærter	[ɛ], [ɛ:]	buceo
Øø	grønsager	[ø], [œ]	malo
Åå	åbent, afgå	[ɔ], [o:]	saludar

Comentarios

[1]   delante de **e, i**
[2]   después de vocales tónicas
[3]   al principio de las palabras

LISTA DE ABREVIATURAS

Abreviatura en español

adj	-	adjetivo
adv	-	adverbio
anim.	-	animado
conj	-	conjunción
etc.	-	etcétera
f	-	sustantivo femenino
f pl	-	femenino plural
fam.	-	uso familiar
fem.	-	femenino
form.	-	uso formal
inanim.	-	inanimado
innum.	-	innumerable
m	-	sustantivo masculino
m pl	-	masculino plural
m, f	-	masculino, femenino
masc.	-	masculino
mat	-	matemáticas
mil.	-	militar
num.	-	numerable
p.ej.	-	por ejemplo
pl	-	plural
pron	-	pronombre
sg	-	singular
v aux	-	verbo auxiliar
vi	-	verbo intransitivo
vi, vt	-	verbo intransitivo, verbo transitivo
vr	-	verbo reflexivo
vt	-	verbo transitivo

Abreviatura en danés

f	-	género neutro
f pl	-	género común plural
i	-	neutro
i pl	-	género neutro plural
i, f	-	neutro, género neutro

| ngn. | - | alguien |
| pl | - | plural |

T&P BOOKS

GUÍA DE CONVERSACIÓN DANÉS

Esta sección contiene frases
importantes que pueden
resultar útiles en varias
situaciones de la vida real.
La Guía le ayudará a pedir
direcciones, aclaración
sobre precio, comprar billetes,
y pedir alimentos en un
restaurante

T&P Books Publishing

CONTENIDO DE LA GUÍA DE CONVERSACIÓN

T&P Books Publishing

Perdone, ...	**Undskyld, ...** ['ɔnˌskyl', ...]
Hola.	**Hej.** ['haj]
Gracias.	**Tak.** [tak]

Sí.	**Ja.** ['jæ]
No.	**Nej.** [naj']
No lo sé.	**Jeg ved det ikke.** [jaj ve de 'ekə]
¿Dónde? | ¿A dónde? | ¿Cuándo?	**Hvor? | Hvorhen? | Hvornår?** ['vɒ'? | 'vɒˌhɛn? | vɒ'nɒ'?]

Necesito ...	**Jeg har brug for ...** [ja ha' 'bʁu' fə ...]
Quiero ...	**Jeg vil ...** [jaj ve ...]
¿Tiene ...?	**Har du ...?** ['ha' du ...?]
¿Hay ... por aquí?	**Er der en ... her?** [æɐ̯ 'dɛ'ɐ̯ en ... hɛ'ɐ̯?]
¿Puedo ...?	**Må jeg ...?** [mɔ' ja ...?]
..., por favor? (petición educada)	**... venligst** [... 'vɛnlist]

Busco ...	**Jeg leder efter ...** [ja 'le:ðə 'ɛftʌ ...]
el servicio	**toilet** [toa'lɛt]
un cajero automático	**udbetalingsautomat** [uð'be'tæ'leŋs awto'mæ't]
una farmacia	**apotek** [apo'te'k]
el hospital	**hospital** [hɔspi'tæ'l]

la comisaría	**politistation** [poli'ti sta'ço'n]
el metro	**metro** ['me:tʁo]

un taxi	**taxi** ['tɑksi]
la estación de tren	**togstation** ['tɔw staˈɕoʔn]

Me llamo …	**Mit navn er …** [mit 'nɑwʔn 'æɐ̯ …]
¿Cómo se llama?	**Hvad er dit navn?** ['vað 'æɐ̯ dit nɑwʔn?]
¿Puede ayudarme, por favor?	**Kan du hjælpe mig?** ['kan du 'jɛlpə mɑj?]
Tengo un problema.	**Jeg har fået et problem.** [ja hɑʔ fɒʔ et pʁoˈbleʔm]
Me encuentro mal.	**Jeg føler mig dårlig.** [ja 'føːlɐ mɑj 'dɒːli]
¡Llame a una ambulancia!	**Ring efter en ambulance!** ['ʁɛŋə 'ɛftʌ en ambuˈlɑŋsə]
¿Puedo llamar, por favor?	**Må jeg foretage et opkald?** [mɔʔ ja 'fɒːɒ̩taɐ̯ʔ et 'ʌpkalʔ?]

Lo siento.	**Det er jeg ked af.** [de 'æɐ̯ ja 'keðʔ æʔ]
De nada.	**Selv tak.** [sɛlʔ tak]

Yo	**Jeg, mig** [jɑj, mɑj]
tú	**du** [du]
él	**han** [han]
ella	**hun** [hun]
ellos	**de** [di]
ellas	**de** [di]
nosotros /nosotras/	**vi** [vi]
ustedes, vosotros	**I, De** [i, di]
usted	**De** [di]

ENTRADA	**INDGANG** ['enˌgɑŋʔ]
SALIDA	**UDGANG** ['uðˌgɑŋʔ]
FUERA DE SERVICIO	**UDE AF DRIFT** ['uːðə æʔ 'dʁɛft]
CERRADO	**LUKKET** ['lɔkəð]

ABIERTO	**ÅBEN** ['ɔːbən]
PARA SEÑORAS	**TIL KVINDER** [te 'kvenʌ]
PARA CABALLEROS	**TIL MÆND** [te 'mɛnˀ]

Preguntas

¿Dónde?	**Hvor?**
	['vɒˀ?]
¿A dónde?	**Hvorhen?**
	['vɒˀˌhɛn?]
¿De dónde?	**Hvorfra?**
	['vɒˀˌfʁɑˀ?]
¿Por qué?	**Hvorfor?**
	['vɔfʌ?]
¿Con que razón?	**Af hvilken grund?**
	[æˀ 'velkən 'gʁɔnˀ?]
¿Cuándo?	**Hvornår?**
	[vɒ'nɒˀ?]

¿Cuánto tiempo?	**Hvor længe?**
	[vɒˀ 'lɛŋə?]
¿A qué hora?	**På hvilket tidspunkt?**
	[pɔ 'velkəð 'tiðspɔŋˀt?]
¿Cuánto?	**Hvor meget?**
	[vɒˀ 'mɑɑð̜?]
¿Tiene ...?	**Har du ...?**
	['hɑˀ du ...?]
¿Dónde está ...?	**Hvor er ...?**
	[vɒˀ 'æɐ̯ ...?]

¿Qué hora es?	**Hvad er klokken?**
	['vað 'æɐ̯ 'klʌkən?]
¿Puedo llamar, por favor?	**Må jeg foretage et opkald?**
	[mɔˀ jɑ 'fɔːɒˌtæˀ et 'ʌpkalˀ?]
¿Quién es?	**Hvem der?**
	[vɛm 'dɛˀɐ̯?]
¿Se puede fumar aquí?	**Må jeg ryge her?**
	[mɔˀ jɑ 'ʁyːə 'hɛˀɐ̯?]
¿Puedo ...?	**Må jeg ...?**
	[mɔˀ jɑ ...?]

Necesidades

Quisiera …	**Jeg vil gerne …** [jαj ve 'gæɐ̯nə …]
No quiero …	**Jeg ønsker ikke …** [jα 'ønskɐ 'ekə …]
Tengo sed.	**Jeg er tørstig.** ['jαj 'æɐ̯ 'tœɐ̯sti]
Tengo sueño.	**Jeg ønsker at sove.** [jα 'ønskɐ ʌ 'sɒwə]

Quiero …	**Jeg vil …** [jαj ve …]
lavarme	**at vaske** [ʌ 'vaskə]
cepillarme los dientes	**at børste mine tænder** [ʌ 'bœɐ̯stə 'miːnə 'tɛnʌ]
descansar un momento	**at hvile en stund** [ʌ 'viːlə en 'stonʔ]
cambiarme de ropa	**at klæde mig om** [ʌ 'klɛʔ 'mαj ʌm]

volver al hotel	**at gå tilbage til hotellet** [ʌ 'gɔʔ te'bæːjə te ho'tɛlʔəð]
comprar …	**at købe …** [ʌ 'køːbə …]
ir a …	**at gå til …** [ʌ 'gɔ te …]
visitar …	**at besøge …** [ʌ be'søʔjə …]
quedar con …	**at mødes med …** [ʌ 'møːðəs mɛ …]
hacer una llamada	**at foretage et opkald** [ʌ 'fɒːɒˌtæʔ et 'ʌpkalʔ]

Estoy cansado /cansada/.	**Jeg er træt.** ['jαj 'æɐ̯ 'tʁat]
Estamos cansados /cansadas/.	**Vi er trætte.** ['vi 'æɐ̯ 'tʁatə]
Tengo frío.	**Jeg fryser.** [jα 'fʁyːsʌ]
Tengo calor.	**Jeg har det varmt.** [jα hαʔ de 'vɑʔmt]
Estoy bien.	**Jeg er OK.** ['jαj 'æɐ̯ ɔw'kɛj]

Tengo que hacer una llamada.

Jeg har brug for at foretage et opkald.
[ja haˀ ˈbʁuˀ fə ʌ ˈfɒːˌtæˀ et ˈʌpkalˀ]

Necesito ir al servicio.

Jeg har brug for at gå på toilettet.
[ja haˀ ˈbʁuˀ fə ʌ gɔˀ pɔ toaˈlɛət]

Me tengo que ir.

Jeg er nødt til at gå.
[ˈjɑj ˈæɐ̯ nøˀt te ʌ gɔˀ]

Me tengo que ir ahora.

Jeg er nødt til at gå nu.
[ˈjɑj ˈæɐ̯ nøˀt te ʌ gɔˀ nu]

Preguntar por direcciones

Perdone, …

Undskyld, …
[ˈɔnˌskylˀ, …]

¿Dónde está …?

Hvor er …?
[vɒˀ ˈæɐ̯ …?]

¿Por dónde está …?

Hvilken vej er …?
[ˈvelkən ˈvɑjˀ ˈæɐ̯ …?]

¿Puede ayudarme, por favor?

Er du sød at hjælpe mig?
[æɐ̯ du ˈsøðˀ ʌ ˈjɛlpə majˀ?]

Busco …

Jeg leder efter …
[jɑ ˈleːðə ˈɛftʌ …]

Busco la salida.

Jeg leder efter udgangen.
[jɑ ˈleːðə ˈɛftʌ ˈuðˌɡɑŋən]

Voy a …

Jeg har tænkt mig at …
[jɑ hɑˀ ˈtɛŋkt majˀ ʌ …]

¿Voy bien por aquí para …?

Går jeg den rigtige vej til …?
[ɡɒˀ jɑ dən ˈʁɛɡtiə vɑjˀ te …?]

¿Está lejos?

Er det langt væk?
[æɐ̯ de ˈlɑŋˀt vɛk?]

¿Puedo llegar a pie?

Kan jeg komme derhen til fods?
[ˈkanˀ jɑ ˈkʌmə ˈdɛˀɐ̯ˈhɛn te ˈfoˀðs?]

¿Puede mostrarme en el mapa?

Kan du vise mig på kortet?
[ˈkan du ˈviːsə majˀ pɒ ˈkɒːtəð?]

Por favor muestreme dónde estamos.

Vis mig, hvor vi er lige nu.
[ˈviˀs majˀ, vɒˀ vi ˈæɐ̯ ˈliːə nu]

Aquí

Her
[ˈhɛˀɐ̯]

Allí

Der
[dɛˀɐ̯]

Por aquí

Denne vej
[ˈdɛnə vɑjˀ]

Gire a la derecha.

Drej til højre.
[dʁɑjˀ te ˈhʌjʁʌ]

Gire a la izquierda.

Drej til venstre.
[dʁɑjˀ te ˈvɛnstʁʌ]

la primera (segunda, tercera) calle

første (anden, tredje) vej
[ˈfœɐ̯stə (ˈanən, ˈtʁɛðjə) vɑjˀ]

a la derecha

til højre
[te ˈhʌjʁʌ]

a la izquierda

til venstre
[te 'vɛnstʁʌ]

Siga recto.

Gå ligeud.
['gɔˀ 'liːə'uðˀ]

Carteles

¡BIENVENIDO!	**VELKOMMEN!** ['vɛlˌkʌm'ən]
ENTRADA	**INDGANG** ['enˌgɑŋ']
SALIDA	**UDGANG** ['uðˌgɑŋ']
EMPUJAR	**SKUB** [skɔb]
TIRAR	**TRÆK** ['tʁak]
ABIERTO	**ÅBEN** ['ɔːbən]
CERRADO	**LUKKET** ['lɔkəð]
PARA SEÑORAS	**TIL KVINDER** [te 'kvenʌ]
PARA CABALLEROS	**TIL MÆND** [te 'mɛn']
CABALLEROS	**MÆND** [mɛn']
SEÑORAS	**KVINDER** ['kvenʌ]
REBAJAS	**UDSALG** ['uðˌsal']
VENTA	**RESTSALG** ['ʁastˌsal']
GRATIS	**GRATIS** ['gʁɑːtis]
¡NUEVO!	**NYT!** [nyt]
ATENCIÓN	**OBS!** [ʌbs]
COMPLETO	**ALT OPTAGET** ['al't 'ʌpˌtæ'əð]
RESERVADO	**RESERVERET** [ʁɛsæɡ've'ʌð]
ADMINISTRACIÓN	**ADMINISTRATION** [aðministʁɑ'ɕo'n]
SÓLO PERSONAL AUTORIZADO	**KUN PERSONALE** [kɔn pæɡso'næːlə]

CUIDADO CON EL PERRO	**PAS PÅ HUNDEN!** [pas pɔ 'hunən]
NO FUMAR	**RYGNING FORBUDT!** ['ʁy:neŋ fʌ'by'd]
NO TOCAR	**RØR IKKE!** ['ʁɶ'ɐ̯ 'ekə]

PELIGROSO	**FARLIGT** ['fɑ:lit]
PELIGRO	**FARE** ['fɑ:ɑ]
ALTA TENSIÓN	**STÆRKSTRØM** ['stæɐ̯k 'stʁɶm']
PROHIBIDO BAÑARSE	**SVØMNING FORBUDT!** ['svɶmneŋ fʌ'by't]

FUERA DE SERVICIO	**UDE AF DRIFT** ['u:ðə æ' 'dʁɛft]
INFLAMABLE	**BRANDFARLIG** ['bʁɑn,fɑ:li]
PROHIBIDO	**FORBUDT** [fʌ'by't]
PROHIBIDO EL PASO	**ADGANG FORBUDT!** ['að,gɑŋ' fʌ'by'ð]
RECIÉN PINTADO	**VÅD MALING** ['vɔ'ð 'mæ:leŋ]

CERRADO POR RENOVACIÓN	**LUKKET PGA. RENOVERING** ['lɔkəð pɔ' 'gʁɔn' a ʁɛno've'ɐ̯eŋ]
EN OBRAS	**ARBEJDE FORUDE** ['ɑ:,bɑj'də 'fɔ:,u:ðə]
DESVÍO	**OMKØRSEL** [ɒm'kø̞ɐ̯səl]

Transporte. Frases generales

el avión	**fly** [fly²]
el tren	**tog** ['tɔ²w]
el bus	**bus** [bus]
el ferry	**færge** ['fæɡwə]
el taxi	**taxi** ['tɑksi]
el coche	**bil** [bi²l]

el horario	**køreplan** ['køːʌˌplæ²n]
¿Dónde puedo ver el horario?	**Hvor kan jeg se køreplanen?** [vɒ² kan jɑ se² 'køːʌˌplæ²nən?]
días laborables	**hverdage** ['væɡˌdæ²ə]
fines de semana	**weekender** ['wiːˌkɛndʌ]
días festivos	**helligdage** ['hɛliˌdæ²ə]

SALIDA	**AFGANG** ['ɑwˌgɑŋ²]
LLEGADA	**ANKOMST** ['anˌkʌm²st]
RETRASADO	**FORSINKET** [fə'sɛŋ²kəð]
CANCELADO	**AFLYST** ['ɑwˌly²st]

siguiente (tren, etc.)	**næste** ['nɛstə]
primero	**første** ['fœɡstə]
último	**sidste** ['sistə]

¿Cuándo pasa el siguiente ...?	**Hvornår er den næste ...?** [vɒ'nɒ² 'æɡ dən 'nɛstə ...?]
¿Cuándo pasa el primer ...?	**Hvornår er den første ...?** [vɒ'nɒ² 'æɡ dən 'fœɡstə ...?]

¿Cuándo pasa el último …?

Hvornår er den sidste …?
[vɒˈnɒˀ ˈæɐ̯ dən ˈsistə …?]

el trasbordo (cambio de trenes, etc.)

skift
[ˈskift]

hacer un trasbordo

at skifte
[ʌ ˈskiftə]

¿Tengo que hacer un trasbordo?

Behøver jeg at skifte?
[beˈhøˀvə ˈjɑj ʌ ˈskiftə?]

Comprar billetes

¿Dónde puedo comprar un billete?	**Hvor kan jeg købe billetter?** [vɒˀ kan ja ˈkøːbə biˈlɛtʌ?]
el billete	**billet** [biˈlɛt]
comprar un billete	**at købe en billet** [ʌ ˈkøːbə en biˈlɛt]
precio del billete	**billetpris** [biˈlɛtˌpʁiˀs]

¿Para dónde?	**Hvorhen?** [ˈvɒˀˌhɛn?]
¿A qué estación?	**Til hvilken station?** [te ˈvelkən staˈɕoˀn?]
Necesito …	**Jeg har brug for …** [ja haˀ ˈbʁuˀ fə …]
un billete	**én billet** [en biˈlɛt]
dos billetes	**to billetter** [toˀ biˈlɛtʌ]
tres billetes	**tre billetter** [ˈtʁɛˀ biˈlɛtʌ]

sólo ida	**enkelt** [ˈɛŋˀkəlt]
ida y vuelta	**retur** [ʁɛˈtuɐˀ]
en primera (primera clase)	**første klasse** [ˈfœɐ̯stə ˈklasə]
en segunda (segunda clase)	**anden klasse** [ˈanən ˈklasə]

hoy	**i dag** [i ˈdæˀ]
mañana	**i morgen** [i ˈmɒːɒn]
pasado mañana	**i overmorgen** [i ˈɒwʌˌmɒːɒn]
por la mañana	**om morgenen** [ʌm ˈmɒːɒnən]
por la tarde	**om eftermiddagen** [ʌm ˈɛftʌmeˌdæˀən]
por la noche	**om aftenen** [ʌm ˈɑftənən]

asiento de pasillo	**gangplads** ['ɡɑŋplas]
asiento de ventanilla	**vinduesplads** ['vendus 'plas]
¿Cuánto cuesta?	**Hvor meget?** [vɒ' 'mɑɑð?]
¿Puedo pagar con tarjeta?	**Kan jeg betale med kreditkort?** ['kan' jɑ be'tæ'lə mɛ kʁɛ'dit kɒ:t?]

Autobús

el autobús	**bus** [bus]
el autobús interurbano	**rutebil** [ˈʁuːtəˌbiˀl]
la parada de autobús	**busstoppested** [ˈbusˌstɒpəstɛð]
¿Dónde está la parada de autobuses más cercana?	**Hvor er det nærmeste busstoppested?** [vɒˀ ˈæɐ̯ de ˈnæɐ̯məstə ˈbusˌstɒpəstɛð?]
número	**nummer** [ˈnɔmˀʌ]
¿Qué autobús tengo que tomar para ...?	**Hvilken bus skal jeg tage for at komme til ...?** [ˈvelkən bus skalˀ jɑ ˈtæˀə fə ʌ ˈkʌmə te ...?]
¿Este autobús va a ...?	**Kører denne bus til ...?** [ˈkøːɐ̯ ˈdɛnə bus te ...?]
¿Cada cuanto pasa el autobús?	**Hvor hyppigt kører busserne?** [vɒˀ ˈhypit ˈkøːɐ̯ ˈbusɐnə?]
cada 15 minutos	**hvert kvarter** [ˈvɛˀɐ̯t kvɑˈteˀɐ̯]
cada media hora	**hver halve time** [ˈvɛɐ̯ halˀvə ˈtiːmə]
cada hora	**hver time** [ˈvɛɐ̯ ˈtiːmə]
varias veces al día	**flere gange om dagen** [ˈfleːʌ ˈɡɑŋə ʌm ˈdæˀən]
... veces al día	**... gange om dagen** [... ˈɡɑŋə ʌm ˈdæˀən]
el horario	**køreplan** [ˈkøːʌˌplæˀn]
¿Dónde puedo ver el horario?	**Hvor kan jeg se køreplanen?** [vɒˀ kan jɑ seˀ ˈkøːʌˌplæˀnən?]
¿Cuándo pasa el siguiente autobús?	**Hvornår kører den næste bus?** [vɒˈnɒˀ ˈkøːɐ̯ dən ˈnɛstə bus?]
¿Cuándo pasa el primer autobús?	**Hvornår kører den første bus?** [vɒˈnɒˀ ˈkøːɐ̯ dən ˈfœɐ̯stə bus?]
¿Cuándo pasa el último autobús?	**Hvornår kører den sidste bus?** [vɒˈnɒˀ ˈkøːɐ̯ dən ˈsistə bus?]
la parada	**stop** [ˈstʌp]

la siguiente parada	**næste stop** ['nɛstə 'stʌp]
la última parada	**sidste stop** ['sistə 'stʌp]
Pare aquí, por favor.	**Stop her, tak.** ['stʌp 'hɛˀɐ̯, tɑk]
Perdone, esta es mi parada.	**Undskyld, det er mit stop.** ['ɔnˌskylˀ, de 'æɐ̯ mit 'stʌp]

Tren

el tren	**tog** ['tɔˀw]
el tren de cercanías	**regionaltog** [ʁɛgjoˈnæˀl tɔˀw]
el tren de larga distancia	**intercitytog** [entʌˈsiti tɔˀw]
la estación de tren	**togstation** ['tɔw staˈɕoˀn]
Perdone, ¿dónde está la salida al anden?	**Undskyld, hvor er udgangen til perronen?** ['ɔnˌskylˀ, vɒˀ 'æɡ̊ 'uð̩gɑŋən te paˈʁʌŋən?]
¿Este tren va a ...?	**Kører dette tog til ...?** ['kø:ɡ̊ 'dɛtə tɔˀw te ...?]
el siguiente tren	**næste tog** ['nɛstə 'tɔˀw]
¿Cuándo pasa el siguiente tren?	**Hvornår afgår det næste tog?** [vɒˈnɒˀ 'ɑwˌgɔˀ de 'nɛstə tɔˀw?]
¿Dónde puedo ver el horario?	**Hvor kan jeg se køreplanen?** [vɒˀ kan jɑ seˀ 'kø:ʌˌplæˀnən?]
¿De qué andén?	**Fra hvilken perron?** [ˌfʁɑˀ 'velkən paˈʁʌŋ?]
¿Cuándo llega el tren a ...?	**Hvornår ankommer toget til ...?** [vɒˈnɒˀ 'anˌkʌmʌ 'tɔˀwəð te ...?]
Ayudeme, por favor.	**Vær sød at hjælpe mig.** ['vɛɡ̊ 'søðˀ ʌ 'jɛlpə mɑj]
Busco mi asiento.	**Jeg leder efter min plads.** [jɑ 'le:ðə 'ɛftʌ min plas]
Buscamos nuestros asientos.	**Vi leder efter vores pladser.** ['vi 'le:ðə 'ɛftʌ vɒɒs 'plasʌ]
Mi asiento está ocupado.	**Min plads er taget.** [min 'plas 'æɡ̊ 'tæəð]
Nuestros asientos están ocupados.	**Vore pladser er taget.** ['vɒ:ɒ 'plasʌ 'æɡ̊ 'tæəð]
Perdone, pero ese es mi asiento.	**Jeg beklager, men dette er min plads.** [jɑ beˈklæˀjə, mɛn 'dɛtə 'æɡ̊ min 'plas]
¿Está libre?	**Er denne plads taget?** [æɡ̊ 'dɛnə plas 'tæəð?]
¿Puedo sentarme aquí?	**Må jeg sidde her?** [mɔˀ jɑ 'seðə 'hɛˀɡ̊?]

En el tren. Diálogo (Sin billete)

Su billete, por favor.

Billet, tak.
[bi'lɛt, tɑk]

No tengo billete.

Jeg har ikke nogen billet.
[jɑ hɑ' 'ekə 'noən bi'lɛt]

He perdido mi billete.

Jeg har mistet min billet.
[jɑ hɑ' 'mestəð min bi'lɛt]

He olvidado mi billete en casa.

Jeg har glemt min billet derhjemme.
[jɑ hɑ' 'glɛmt min bi'lɛt dɑ'jɛmə]

Le puedo vender un billete.

Du kan købe en billet af mig.
[du kan 'kø:bə en bi'lɛt æ' mɑj]

También deberá pagar una multa.

**Du bliver også nødt
til at betale en bøde.**
[du 'bliɐ' 'ʌsə nø'̩t
te ʌ be'tæ'lə en 'bø:ðə]

Vale.

OK.
[ɔw'kɛj]

¿A dónde va usted?

Hvor skal du hen?
[vɒ' skal' du hɛn?]

Voy a …

Jeg har tænkt mig at …
[jɑ hɑ' 'tɛŋkt mɑj ʌ …]

¿Cuánto es? No lo entiendo.

Hvor meget? Jeg forstår det ikke.
[vɒ' 'mɑɑð? jɑ fə'stɒ̩ de 'ekə]

Escríbalo, por favor.

Skriv det ned, tak.
['skʁiw' de neð', tɑk]

Vale. ¿Puedo pagar con tarjeta?

OK. Kan jeg betale med kreditkort?
[ɔw'kɛj. kan jɑ be'tæ'lə mɛ kʁɛ'dit kɒ:t?]

Sí, puede.

Ja, det kan du godt.
['jæ, de kan du 'gʌt]

Aquí está su recibo.

Her er din kvittering.
['hɛ'ɐ̯ 'æɐ̯ din kvi'te'ɐ̯eŋ]

Disculpe por la multa.

Undskyld bøden.
['ɔn̩skyl' 'bø:ðən]

No pasa nada. Fue culpa mía.

Det er OK. Det var min skyld.
[de 'æɐ̯ ɔw'kɛj. de vɑ min skyl']

Disfrute su viaje.

Nyd turen.
[nyð 'tuɐ̯'n]

Taxi

taxi	**taxi** ['tɑksi]
taxista	**taxichauffør** ['tɑksi ɕoˈføˀɐ̯]
coger un taxi	**at få fat i en taxi** [ʌ fɔˀ fat i en 'tɑksi]
parada de taxis	**taxiholdeplads** ['tɑksi 'hʌləˌplas]
¿Dónde puedo coger un taxi?	**Hvor kan jeg finde en taxi?** [vɒˀ kan jɑj 'fenə en 'tɑksi?]
llamar a un taxi	**at ringe efter en taxi** [ʌ 'ʁɛŋə 'ɛftʌ en 'tɑksi]
Necesito un taxi.	**Jeg har brug for en taxi.** [jɑ hɑˀ 'bʁuˀ fə en 'tɑksi]
Ahora mismo.	**Lige nu.** ['liːə 'nu]
¿Cuál es su dirección?	**Hvad er din adresse?** ['vað 'æɐ̯ din aˈdʁasə?]
Mi dirección es …	**Min adresse er …** [min aˈdʁasə 'æɐ̯ …]
¿Cuál es el destino?	**Hvor skal du hen?** [vɒˀ skalˀ du hɛn?]
Perdone, …	**Undskyld, …** ['ɔnˌskylˀ, …]
¿Está libre?	**Er du ledig?** [æɐ̯ du 'leːði?]
¿Cuánto cuesta ir a …?	**Hvor meget koster det at komme til …?** [vɒˀ 'mɑɑð 'kʌstɐ de ʌ 'kʌmə te …?]
¿Sabe usted dónde está?	**Ved du, hvor det er?** [ve du, vɒˀ de 'æɐ̯?]
Al aeropuerto, por favor.	**Lufthavnen, tak.** ['lɔftˌhawˀnən, tɑk]
Pare aquí, por favor.	**Stop her, tak.** ['stʌp 'hɛˀɐ̯, tɑk]
No es aquí.	**Det er ikke her.** [de 'æɐ̯ 'ekə 'hɛˀɐ̯]
La dirección no es correcta.	**Det er den forkerte adresse.** [de 'æɐ̯ dən fəˈkeɐ̯ˀtə aˈdʁasə]

Gire a la izquierda.	**Drej til venstre.**
	[dʁɑjʔ te 'vɛnstʁʌ]
Gire a la derecha.	**Drej til højre.**
	[dʁɑjʔ te 'hʌjʁʌ]

¿Cuánto le debo?	**Hvor meget skylder jeg dig?**
	[vɒʔ 'mɑɑð 'skylə jɑ dɑj?]
¿Me da un recibo, por favor?	**Jeg vil gerne have en kvittering, tak.**
	[jɑj ve 'gæɐ̯nə hæʔ en kvi'teʔɐ̯eŋ, tɑk]
Quédese con el cambio.	**Behold resten.**
	[be'hʌlʔ 'ʁastən]

Espéreme, por favor.	**Vil du venligst vente på mig?**
	['ve du 'vɛnlist 'vɛntə pɔ mɑj?]
cinco minutos	**fem minutter**
	[fɛmʔ me'nutʌ]
diez minutos	**ti minutter**
	['tiʔ me'nutʌ]
quince minutos	**femten minutter**
	['fɛmtən me'nutʌ]
veinte minutos	**tyve minutter**
	['tyːvə me'nutʌ]
media hora	**en halv time**
	[en 'halʔ 'tiːmə]

Hotel

Hola.	**Hej.** ['haj]
Me llamo …	**Mit navn er …** [mit 'nɑwˀn 'æɐ̯ …]
Tengo una reserva.	**Jeg har en reservation.** [ja hɑˀ en ʁɛsæɐ̯va'ɕoˀn]
Necesito …	**Jeg har brug for …** [ja hɑˀ 'bʁuˀ fə …]
una habitación individual	**et enkeltværelse** [et 'ɛŋˀkəlt,væɐ̯ʌlsə]
una habitación doble	**et dobbeltværelse** [et 'dʌbəlt 'væɐ̯ʌlsə]
¿Cuánto cuesta?	**Hvor meget bliver det?** [vɒˀ 'maɑð 'bliɐ̯ˀ de?]
Es un poco caro.	**Det er lidt dyrt.** [de 'æɐ̯ lit 'dyɐ̯ˀt]
¿Tiene alguna más?	**Har du nogen andre muligheder?** ['hɑˀ du 'noən 'ɑndʁʌ 'mu:li,heðˀʌ?]
Me quedo.	**Det tager jeg.** [de 'tæˀɐ̯ jɑj]
Pagaré en efectivo.	**Jeg betaler kontant.** [ja be'tæˀlʌ kɔn'tanˀt]
Tengo un problema.	**Jeg har fået et problem.** [ja hɑˀ fɒˀ et pʁo'bleˀm]
Mi … no funciona.	**Mit … er gået i stykker.** [mit … 'æɐ̯ 'gɔːəð 'støkʌ]
Mi … está fuera de servicio.	**Mit … virker ikke.** [mit … 'viɐ̯kʌ 'ekə]
televisión	**TV** ['teˀ,veˀ]
aire acondicionado	**klimaanlæg** ['kliːma'an,lɛˀg]
grifo	**hane** ['hæːnə]
ducha	**bruser** ['bʁuːsʌ]
lavabo	**vask** ['vask]
caja fuerte	**pengeskab** ['pɛŋə,skæˀb]

cerradura	**dørlås** ['dœɐ̯lɔˀs]
enchufe	**stikkontakt** ['stek kɔn'takt]
secador de pelo	**hårtørrer** ['hɒːˌtœɐ̯ʌ]

No tengo …	**Jeg har ikke nogen …** [ja haˀ 'ekə 'noən …]
agua	**vand** ['vanˀ]
luz	**lys** ['lyˀs]
electricidad	**elektricitet** [elɛktʁisiˈteˀt]

¿Me puede dar …?	**Kan du give mig …?** ['kan du giˀ maj …?]
una toalla	**et håndklæde** [ed 'hʌnˌklɛːðə]
una sábana	**et tæppe** [ed 'tɛpə]
unas chanclas	**hjemmesko** ['jɛməˌskoˀ]
un albornoz	**en kåbe** [en 'kɔːbə]
un champú	**shampoo** ['ɕæːmˌpuː]
jabón	**sæbe** ['sɛːbə]

Quisiera cambiar de habitación.	**Jeg vil gerne skifte værelse.** [jaj ve 'gæɐ̯nə 'skiftə 'væɐ̯ʌlsə]
No puedo encontrar mi llave.	**Jeg kan ikke finde min nøgle.** [ja kan 'ekə 'fenə min 'nʌjlə]
Por favor abra mi habitación.	**Kunne du låse op til mit værelse?** ['kunə du 'lɔːsə ʌp te mit 'væɐ̯ʌlsə?]
¿Quién es?	**Hvem der?** [vɛm 'dɛˀɐ̯?]
¡Entre!	**Kom ind!** [kʌmˀ enˀ]
¡Un momento!	**Et øjeblik!** [ed 'ʌjə'blek]
Ahora no, por favor.	**Ikke lige nu, tak.** ['ekə 'liːə nu, tak]

Venga a mi habitación, por favor.	**Kom til mit værelse, tak.** [kʌmˀ te mit 'væɐ̯ʌlsə, tak]
Quisiera hacer un pedido.	**Jeg vil gerne bestille roomservice.** [jaj ve 'gæɐ̯nə be'stelˀə 'ʁuːmˌsœːvis]
Mi número de habitación es …	**Mit værelsesnummer er …** [mit 'væɐ̯ʌlsə'nɔmˀʌ 'æɐ̯ …]

Me voy …   **Jeg forlader …**
                                  [jɑ fə'læ'ðə …]

Nos vamos …   **Vi forlader …**
                                  ['vi fə'læ'ðə …]

Ahora mismo   **lige nu**
                                  ['liːə 'nu]

esta tarde   **i eftermiddag**
                                  [I 'ɛftʌmeˌdæ']

esta noche   **i aften**
                                  [i 'ɑftən]

mañana   **i morgen**
                                  [i 'mɒːɒn]

mañana por la mañana   **i morgen tidlig**
                                  [i 'mɒːɒn 'tiðli]

mañana por la noche   **i morgen aften**
                                  [i 'mɒːɒn 'ɑftən]

pasado mañana   **i overmorgen**
                                  [i 'ɒwʌˌmɒːɒn]

Quisiera pagar la cuenta.   **Jeg vil gerne betale.**
                                  [jɑj ve 'gæɡnə be'tæ'lə]

Todo ha estado estupendo.   **Alt var vidunderligt.**
                                  ['al't vɑ við'ɔn'ʌlit]

¿Dónde puedo coger un taxi?   **Hvor kan jeg finde en taxi?**
                                  [vɒ' kan jɑj 'fenə en 'tɑksi?]

¿Puede llamarme un taxi, por favor? **Vil du ringe efter en taxi for mig, tak?**
                                  ['ve du 'ʁɛŋə 'ɛftʌ en 'tɑksi fə mɑj, tɑk?]

Restaurante

¿Puedo ver el menú, por favor?	**Kan jeg se menuen?** ['kanˀ jɑ seˀ me'nyən?]
Mesa para uno.	**Bord til én.** ['boˀɐ̯ te 'en]
Somos dos (tres, cuatro).	**Vi er to (tre, fire).** [vi 'æɐ̯ toˀ ('tʁɛˀ, 'fiˀʌ)]

Para fumadores	**Rygning** ['ʁyːneŋ]
Para no fumadores	**Rygning forbudt** ['ʁyːneŋ fʌ'byˀd]
¡Por favor! (llamar al camarero)	**Undskyld!** ['ɔnˌskylˀ]
la carta	**menu** [me'ny]
la carta de vinos	**vinkort** ['viːnˌkɒːt]
La carta, por favor.	**Menuen, tak.** [me'nyən, tɑk]

¿Está listo para pedir?	**Er du klar til at bestille?** [æɐ̯ du klɑˀ te ʌ be'stelˀə?]
¿Qué quieren pedir?	**Hvad vil du have?** ['vað ve du hæˀ?]
Yo quiero …	**Jeg vil gerne have …** [jɑj ve 'gæɐ̯nə hæˀ …]

Soy vegetariano.	**Jeg er vegetar.** ['jɑj 'æɐ̯ vegə'tɑˀ]
carne	**kød** ['køð]
pescado	**fisk** ['fesk]
verduras	**grøntsager** ['gʁɒntˌsæˀjʌ]
¿Tiene platos para vegetarianos?	**Har du vegetarretter?** ['hɑˀ du vegə'tɑˀʁatə?]
No como cerdo.	**Jeg spiser ikke svinekød.** [jɑ 'spiːsɐ 'ekə 'sviːnə'køð]
Él /Ella/ no come carne.	**Han /hun/ spiser ikke kød.** [han /hun/ 'spiːsɐ 'ekə 'køð]
Soy alérgico a …	**Jeg er allergisk over for …** ['jɑj 'æɐ̯ a'læɐ̯ˀgisk 'ɒwˀʌ fə …]

¿Me puede traer …, por favor?	**Er du sød at give mig …** [æɐ̯ du 'søð' ʌ 'giˀ mɑj …]
sal | pimienta | azúcar	**salt | peber | sukker** ['salˀt | 'pewʌ | 'sɔkʌ]
café | té | postre	**kaffe | te | dessert** ['kɑfə | teˀ | de'sɛɐ̯ˀt]
agua | con gas | sin gas	**vand | med brus | uden brus** ['vanˀ | mɛ 'bʁuˀs | 'uðən 'bʁuˀs]
una cuchara | un tenedor | un cuchillo	**en ske | gaffel | kniv** [en skeˀ | 'gɑfəl | 'kniwˀ]
un plato | una servilleta	**en tallerken | serviet** [en ta'læɐ̯kən | sæɐ̯vi'ɛt]

¡Buen provecho!	**Nyd dit måltid!** [nyð dit 'mʌlˌtiðˀ]
Uno más, por favor.	**En til, tak.** [en te, tɑk]
Estaba delicioso.	**Det var meget lækkert.** [de vɑ 'mɑɑð 'lɛkʌt]

la cuenta | el cambio | la propina	**regningen | byttepenge | drikkepenge** ['ʁɑjneŋən | 'bytəˌpɛŋə | 'dʁɛkəˌpɛŋə]
La cuenta, por favor.	**Regningen, tak.** ['ʁɑjneŋən, tɑk]
¿Puedo pagar con tarjeta?	**Kan jeg betale med kreditkort?** ['kanˀ jɑ be'tæˀlə mɛ kʁe'dit kɒːt?]
Perdone, aquí hay un error.	**Undskyld, men der er en fejl her.** ['ɔnˌskylˀ, mɛn 'dɛˀɐ̯ 'æɐ̯ en 'fɑjˀl 'hɛˀɐ̯]

De Compras

¿Puedo ayudarle?	**Kan jeg hjælpe?** ['kan' ja 'jɛlpə?]
¿Tiene ...?	**Har du ...?** ['hɑ' du ...?]
Busco ...	**Jeg leder efter ...** [ja 'leːðə 'ɛftʌ ...]
Necesito ...	**Jeg har brug for ...** [ja hɑ' 'bʁuʔ fə ...]

Sólo estoy mirando.	**Jeg kigger bare.** [ja 'kigʌ 'bɑːɑ]
Sólo estamos mirando.	**Vi kiggede bare.** ['vi 'kigəðə 'bɑːɑ]
Volveré más tarde.	**Jeg kommer tilbage senere.** [ja 'kʌmʌ te'bæːjə 'seʔnʌʌ]
Volveremos más tarde.	**Vi kommer tilbage senere.** ['vi 'kʌmʌ te'bæːjə 'seʔnʌʌ]
descuentos | oferta	**rabatter | udsalg** [ʁɑ'batʌ | 'uðˌsalʔ]

Por favor, enséñeme ...	**Vil du være sød at vise mig ...** ['ve du 'vɛɡ' søðʔ ʌ 'viːsə maj ...]
¿Me puede dar ..., por favor?	**Vil du give mig ...** ['ve du giʔ maj ...]
¿Puedo probarmelo?	**Kan jeg prøve det på?** ['kan' ja 'pʁœːwə de pɔʔ?]
Perdone, ¿dónde están los probadores?	**Undskyld, hvor er prøverummet?** ['ɔnˌskylʔ, vɒʔ 'æɡ 'pʁœːwə 'ʁɔməð?]
¿Qué color le gustaría?	**Hvilken farve vil du have?** ['velkən 'faːvə ve du hæʔ?]
la talla | el largo	**størrelse | længde** ['stœɡʌlsə | 'lɛŋʔdə]
¿Cómo le queda? (¿Está bien?)	**Hvordan passer det?** [vɒ'dan 'pasʌ de?]

¿Cuánto cuesta esto?	**Hvor meget bliver det?** [vɒʔ 'maɑð 'bliɡʔ de?]
Es muy caro.	**Det er for dyrt.** [de 'æɡ fə 'dyɡʔt]
Me lo llevo.	**Det tager jeg.** [de 'tæ'ɡ jaj]
Perdone, ¿dónde está la caja?	**Undskyld, hvor kan jeg betale?** ['ɔnˌskylʔ, vɒʔ kan' ja be'tæʔlə?]

¿Pagará en efectivo o con tarjeta?

Vil du betale kontant eller med kreditkort?
['ve du be'tæ'lə kɔn'tan't mɛ kʁɛ'dit kɒ:t?]

en efectivo | con tarjeta

Kontant | med kreditkort
[kɔn'tan't | mɛ kʁɛ'dit kɒ:t]

¿Quiere el recibo?

Vil du have kvitteringen?
['ve du hæ' kvi'te'ɡeŋən?]

Sí, por favor.

Ja, tak.
['jæ, tɑk]

No, gracias.

Nej, det er OK.
[nɑj', de 'æɡ ɔw'kɛj]

Gracias. ¡Que tenga un buen día!

Tak. Hav en dejlig dag!
[tɑk. 'hɑ' en 'dɑjli 'dæ']

En la ciudad

Perdone, por favor.	**Undskyld mig.** ['ɔnˌskylʔ mɑj]
Busco ...	**Jeg leder efter ...** [ja 'le:ðə 'ɛftʌ ...]
el metro	**metroen** ['me:tʁoən]
mi hotel	**mit hotel** [mit ho'tɛlʔ]
el cine	**biografen** [bio'gʁaʔfən]
una parada de taxis	**en taxiholdeplads** [en 'tɑksi 'hʌləˌplas]

un cajero automático	**en udbetalingsautomat** [en uð'be'tæʔleŋs ɑwto'mæʔt]
una oficina de cambio	**et vekselkontor** [et 'vɛksəl kɔn'toʔg̊]
un cibercafé	**en internetcafé** [en 'entʌˌnɛt ka'feʔ]
la calle ...	**... gade** [... 'gæ:ðə]
este lugar	**dette sted** ['dɛtə 'stɛð]

¿Sabe usted dónde está ...?	**Ved du, hvor ... er?** [ve du, vɒʔ ... 'æg̊?]
¿Cómo se llama esta calle?	**Hvilken gade er dette?** ['velkən 'gæ:ðə 'æg̊ 'dɛtə?]
Muestreme dónde estamos ahora.	**Vis mig, hvor vi er lige nu.** ['viʔs mɑj, vɒʔ vi 'æg̊ 'li:ə nu]
¿Puedo llegar a pie?	**Kan jeg komme derhen til fods?** ['kanʔ ja 'kʌmə 'dɛʔg̊'hɛn te 'foʔðs?]
¿Tiene un mapa de la ciudad?	**Har du et kort over byen?** ['haʔ du et 'kɒːt 'ɒwʔʌ 'byən?]

¿Cuánto cuesta la entrada?	**Hvor meget koster en billet for at komme ind?** [vɒʔ 'maað 'kʌstg̊ en bi'lɛt fə ʌ 'kʌmə 'enʔ?]
¿Se pueden hacer fotos aquí?	**Må jeg tage billeder her?** [mɒʔ ja tæʔ 'beləðʌ 'hɛʔg̊?]
¿Está abierto?	**Har du åbent?** ['haʔ du 'ɔ:bənt?]

¿A qué hora abren? **Hvornår åbner du?**
[vɒˈnɒˀ ˈɔːbnʌ du?]

¿A qué hora cierran? **Hvornår lukker du?**
[vɒˈnɒˀ ˈlɔkɐ du?]

Dinero

dinero	**penge** ['pɛŋə]
efectivo	**kontanter** [kɔn'tan'tʌ]
billetes	**sedler** ['sɛð'lʌ]
monedas	**småmønter** [ˌsmʌ'møn'tʌ]
la cuenta | el cambio | la propina	**regningen | byttepenge | drikkepenge** ['ʁɑjneŋən | 'bytəˌpɛŋə | 'dʁɛkəˌpɛŋə]

la tarjeta de crédito	**kreditkort** [kʁɛ'dit kɔːt]
la cartera	**tegnebog** ['tɑjnəbɔ'w]
comprar	**at købe** [ʌ 'køːbə]
pagar	**at betale** [ʌ be'tæ'lə]
la multa	**bøde** ['bøːðə]
gratis	**gratis** ['gʁɑːtis]

¿Dónde puedo comprar ...?	**Hvor kan jeg købe ...?** [vɒ' kan jɑ 'køːbə ...?]
¿Está el banco abierto ahora?	**Har banken åbent nu?** ['hɑ' 'baŋkən 'ɔːbənt nu?]
¿A qué hora abre?	**Hvornår åbner den?** [vɒ'nɒ' 'ɔːbnʌ dɛn'?]
¿A qué hora cierra?	**Hvornår lukker den?** [vɒ'nɒ' 'lɔkɐ dɛn'?]

¿Cuánto cuesta?	**Hvor meget?** [vɒ' 'maɑð?]
¿Cuánto cuesta esto?	**Hvor meget bliver det?** [vɒ' 'maɑð 'bliɐ' de?]
Es muy caro.	**Det er for dyrt.** [de 'æɐ̯ fə 'dyɐ̯'t]

Perdone, ¿dónde está la caja?	**Undskyld, hvor kan jeg betale?** ['ɔnˌskyl', vɒ' kan' jɑ be'tæ'lə?]
La cuenta, por favor.	**Regningen, tak.** ['ʁɑjneŋən, tɑk]

¿Puedo pagar con tarjeta?	**Kan jeg betale med kreditkort?** [ˈkanˀ jɑ beˈtæˀlə mɛ kʁɛˈdit kɒːt?]
¿Hay un cajero por aquí?	**Er der en** **udbetalingsautomat her?** [æɐ̯ ˈdɛˀɐ̯ en uðˀbeˈtæˀleŋs ɑwtoˈmæˀt ˈhɛˀɐ̯?]
Busco un cajero automático.	**Jeg leder efter** **en udbetalingsautomat.** [jɑ ˈleːðə ˈɛftʌ en uðˀbeˈtæˀleŋs ɑwtoˈmæˀt]

Busco una oficina de cambio.	**Jeg leder efter et vekselkontor.** [jɑ ˈleːðə ˈɛftʌ et ˈvɛksəl kɔnˈtoˀɐ̯]
Quisiera cambiar ...	**Jeg vil gerne veksle ...** [jɑj ve ˈgæɐ̯nə ˈvɛkslə ...]
¿Cuál es el tipo de cambio?	**Hvad er vekselkursen?** [ˈvað ˈæɐ̯ ˈvɛksəl ˈkuɐ̯ˈsən]
¿Necesita mi pasaporte?	**Har du brug for mit pas?** [ˈhɑˀ du ˈbʁuˀ fə mit ˈpas?]

Tiempo

¿Qué hora es?	**Hvad er klokken?** ['vað 'æɐ̯ 'klʌkən?]
¿Cuándo?	**Hvornår?** [vɒˈnɒˀ?]
¿A qué hora?	**På hvilket tidspunkt?** [pɔ 'velkəð 'tiðspɒŋˀt?]
ahora | luego | después de ...	**nu | senere | efter ...** ['nu | 'seˀnʌʌ | 'ɛftʌ ...]

la una	**klokken et** ['klʌkən et]
la una y cuarto	**kvart over et** ['kvɑːt 'ɒwˀʌ et]
la una y medio	**halv to** ['halˀ 'toˀ]
las dos menos cuarto	**kvart i to** ['kvɑːt i 'toˀ]

una | dos | tres	**et | to | tre** [ed | toˀ | tʁɛˀ]
cuatro | cinco | seis	**fire | fem | seks** ['fiˀʌ | fɛmˀ | 'sɛks]
siete | ocho | nueve	**syv | otte | ni** ['sywˀ | 'ɔːtə | niˀ]
diez | once | doce	**ti | elleve | tolv** ['tiˀ | 'ɛlvə | tʌlˀ]

en ...	**om ...** [ʌm ...]
cinco minutos	**fem minutter** [fɛmˀ meˈnutʌ]
diez minutos	**ti minutter** ['tiˀ meˈnutʌ]
quince minutos	**femten minutter** ['fɛmtən meˈnutʌ]
veinte minutos	**tyve minutter** ['tyːvə meˈnutʌ]

media hora	**en halv time** [en 'halˀ 'tiːmə]
una hora	**en time** [en 'tiːmə]
por la mañana	**om morgenen** [ʌm 'mɒːɒnən]

por la mañana temprano	**tidligt om morgenen** ['tiðlit ʌm 'mɒːɒnən]
esta mañana	**her til morgen** ['hɛˀɐ̯ te 'mɒːɒn]
mañana por la mañana	**i morgen tidlig** [i 'mɒːɒn 'tiðli]
al mediodía	**midt på dagen** ['met pɔ 'dæˀən]
por la tarde	**om eftermiddagen** [ʌm 'ɛftʌmeˌdæˀən]
por la noche	**om aftenen** [ʌm 'ɑftənən]
esta noche	**i aften** [i 'ɑftən]
por la noche	**om natten** [ʌm 'nɛtn]
ayer	**i går** [i 'gɒˀ]
hoy	**i dag** [i 'dæˀ]
mañana	**i morgen** [i 'mɒːɒn]
pasado mañana	**i overmorgen** [i 'ɒwʌˌmɒːɒn]
¿Qué día es hoy?	**Hvilken dag er det i dag?** ['velkən 'dæˀ 'æɐ̯ de i 'dæˀ?]
Es ...	**Det er ...** [de 'æɐ̯ ...]
lunes	**Mandag** ['manˀda]
martes	**tirsdag** ['tiɐ̯ˀsda]
miércoles	**onsdag** ['ɔnˀsda]
jueves	**torsdag** ['tɒˀsda]
viernes	**Fredag** ['fʁɛˀda]
sábado	**Lørdag** ['lœɐ̯da]
domingo	**søndag** ['sœnˀda]

Saludos. Presentaciones.

Hola.	**Hej.** ['haj]
Encantado /Encantada/ de conocerle.	**Glad for at møde dig.** ['glað fǝ ʌ 'mø:ðǝ 'daj]
Yo también.	**Det samme her.** [de 'samǝ 'hɛ'ɐ̯]
Le presento a …	**Jeg vil gerne have at du møder …** [jaj ve 'gæɐ̯nǝ hæ' ʌ du 'mø:ðǝ …]
Encantado.	**Rart at møde dig.** ['ʁa't ʌ 'mø:ðǝ daj]

¿Cómo está?	**Hvordan har du det?** [vɒ'dan ha' du de?]
Me llamo …	**Mit navn er …** [mit 'naw'n 'æɐ̯ …]
Se llama …	**Hans navn er …** [hans 'naw'n 'æɐ̯ …]
Se llama …	**Hendes navn er …** ['henǝs 'naw'n 'æɐ̯ …]
¿Cómo se llama (usted)?	**Hvad hedder du?** ['vað 'heðʌ du?]
¿Cómo se llama (él)?	**Hvad hedder han?** ['vað 'heðʌ han?]
¿Cómo se llama (ella)?	**Hvad hedder hun?** ['vað 'heðʌ hun?]

¿Cuál es su apellido?	**Hvad er dit efternavn?** ['vað 'æɐ̯ did 'ɛftʌˌnaw'n?]
Puede llamarme …	**Du kan ringe til mig …** [du kan 'ʁɐŋǝ te maj …]
¿De dónde es usted?	**Hvor er du fra?** [vɒ' 'æɐ̯ du fʁa']
Yo soy de ….	**Jeg er fra …** ['jaj 'æɐ̯ fʁa' …]
¿A qué se dedica?	**Hvad arbejder du med?** ['vað 'a:ˌbaj'dʌ du mɛ?]
¿Quién es?	**Hvem er det?** [vɛm 'æɐ̯ de?]
¿Quién es él?	**Hvem er han?** [vɛm 'æɐ̯ han?]
¿Quién es ella?	**Hvem er hun?** [vɛm 'æɐ̯ hun?]
¿Quiénes son?	**Hvem er de?** [vɛm 'æɐ̯ di?]

Este es ...

Dette er ...
['dɛtə 'æɐ̯ ...]

mi amigo

min ven
[min 'vɛn]

mi amiga

min veninde
[min vɛn'enə]

mi marido

min mand
[min 'manʔ]

mi mujer

min kone
[min 'koːnə]

mi padre

min far
[min 'fɑː]

mi madre

min mor
[min 'moɐ̯]

mi hermano

min bror
[min 'bʁoɐ̯]

mi hermana

min søster
[min 'søstʌ]

mi hijo

min søn
[min 'sœn]

mi hija

min datter
[min 'datʌ]

Este es nuestro hijo.

Dette er vores søn.
['dɛtə 'æɐ̯ 'vɒɒs 'sœn]

Esta es nuestra hija.

Dette er vores datter.
['dɛtə 'æɐ̯ 'vɒɒs 'datʌ]

Estos son mis hijos.

Dette er mine børn.
['dɛtə 'æɐ̯ 'miːnə 'bœɐ̯ʔn]

Estos son nuestros hijos.

Dette er vores børn.
['dɛtə 'æɐ̯ 'vɒɒs 'bœɐ̯ʔn]

Despedidas

¡Adiós!	**Farvel!** [fɑˈvɛl]
¡Chau!	**Hej hej!** [ˈhɑj ˈhɑj]
Hasta mañana.	**Ses i morgen.** [ˈseˀs i ˈmɒːɒn]
Hasta pronto.	**Vi ses snart.** [ˈvi ˈseˀs ˈsnɑˀt]
Te veo a las siete.	**Vi ses klokken syv.** [ˈvi ˈseˀs ˈklʌkən ˈsywˀ]
¡Que se diviertan!	**Have det sjovt!** [ˈhɑˀ de ˈɕɒwd]
Hablamos más tarde.	**Vi snakkes ved senere.** [ˈvi ˈsnɑkəs ve ˈseˀnʌʌ]
Que tengas un buen fin de semana.	**Ha' en dejlig weekend.** [ha en ˈdɑjli ˈwiːˌkɛnd]
Buenas noches.	**Godnat.** [goˈnad]
Es hora de irme.	**Det er på tide at jeg smutter.** [de ˈææ̞ pɒ ˈtiːðə ʌ jɑ ˈsmutə]
Tengo que irme.	**Jeg bliver nødt til at gå.** [jɑ ˈbliə̞ˀ nøˀt te ʌ ˈgɔˀ]
Ahora vuelvo.	**Jeg kommer straks tilbage.** [jɑ ˈkʌmʌ ˈstʁɑks teˈbæːjə]
Es tarde.	**Det er sent.** [de ˈææ̞ ˈseˀnt]
Tengo que levantarme temprano.	**Jeg er nødt til at stå tidligt op.** [ˈjɑj ˈææ̞ nøˀt te ʌ ˈstɔˀ ˈtiðlit ˈʌp]
Me voy mañana.	**Jeg rejser i morgen.** [jɑ ˈʁɑjsə i ˈmɒːɒn]
Nos vamos mañana.	**Vi rejser i morgen.** [ˈvi ˈʁɑjsə i ˈmɒːɒn]
¡Que tenga un buen viaje!	**Hav en dejlig tur!** [ˈhɑˀ en ˈdɑjli ˈtuə̞ˀ]
Ha sido un placer.	**Det var rart at møde dig.** [de vɑ ˈʁɑˀt ʌ ˈmøːðə ˈdɑj]
Fue un placer hablar con usted.	**Det var rart at tale med dig.** [de vɑ ˈʁɑˀt ʌ ˈtæːlə mɛ ˈdɑj]
Gracias por todo.	**Tak for alt.** [tɑk fə ˈalˀt]

Lo he pasado muy bien.	**Jeg nød tiden sammen.** [ja nøːð 'tiðən 'samˀən]
Lo pasamos muy bien.	**Vi nød virkeligt tiden sammen.** ['vi nøːð 'viɐ̯kəlit 'tiðən 'samˀən]
Fue genial.	**Det var virkeligt godt.** [de va 'viɐ̯kəlit 'gʌt]
Le voy a echar de menos.	**Jeg kommer til at savne dig.** [ja 'kʌmʌ te ʌ 'sawnə 'daj]
Le vamos a echar de menos.	**Vi kommer til at savne dig.** ['vi 'kʌmʌ te ʌ 'sawnə 'daj]

¡Suerte!	**Held og lykke!** ['hɛlˀ ʌ 'løkə]
Saludos a …	**Sig hej til …** ['saj 'haj te …]

Idioma extranjero

No entiendo.	**Jeg forstår det ikke.** [jɑ fə'stɛ̞ de 'ekə]
Escríbalo, por favor.	**Skriv det ned, tak.** ['skʁiw' de neð', tɑk]
¿Habla usted ...?	**Taler du ...?** ['tæːlʌ du ...?]

Hablo un poco de ...	**Jeg taler en lille smule ...** [jɑ 'tæːlʌ en 'lilə 'smuːlə ...]
inglés	**engelsk** ['ɛŋ'əlsk]
turco	**tyrkisk** ['tyɐ̞kisk]
árabe	**arabisk** [ɑ'ʁɑ'bisk]
francés	**fransk** ['fʁɑn'sk]

alemán	**tysk** ['tysk]
italiano	**italiensk** [ital'jɛ'nsk]
español	**spansk** ['span'sk]
portugués	**portugisisk** [pɒtu'gi'sisk]
chino	**kinesisk** [ki'ne'sisk]
japonés	**japansk** [ja'pæ'nsk]

¿Puede repetirlo, por favor?	**Kan du gentage det, tak.** ['kan du 'gɛn̩tæ' de, tɑk]
Lo entiendo.	**Jeg forstår.** [jɑ fə'stɛ̞]
No entiendo.	**Jeg forstår det ikke.** [jɑ fə'stɛ̞ de 'ekə]
Hable más despacio, por favor.	**Tal langsommere.** ['tal 'lɑŋˌsʌm'əʌ]

¿Está bien?	**Er det rigtigt?** [æɐ̞ de 'ʁɛgtit?]
¿Qué es esto? (¿Que significa esto?)	**Hvad er dette?** ['vað 'æɐ̞ 'dɛtə?]

Disculpas

Perdone, por favor.	**Undskyld mig.** ['ɔnˌskyl' maj]
Lo siento.	**Det er jeg ked af.** [de 'æɐ̯ ja 'keð' æ']
Lo siento mucho.	**Jeg er virkelig ked af det.** ['jaj 'æɐ̯ 'viɐ̯kəli 'keð' æ' de]
Perdón, fue culpa mía.	**Beklager, det er min skyld.** [be'klæ'jə, de 'æɐ̯ min 'skyl']
Culpa mía.	**Min fejl.** [min 'faj'l]

¿Puedo ...?	**Må jeg ...?** [mɔ' ja ...?]
¿Le molesta si ...?	**Har du noget imod, hvis jeg ...?** ['ha' du 'noːəð i'moð', 'ves jaj ...?]
¡No hay problema! (No pasa nada.)	**Det er OK.** [de 'æɐ̯ ɔw'kɛj]
Todo está bien.	**Det er OK.** [de 'æɐ̯ ɔw'kɛj]
No se preocupe.	**Tag dig ikke af det.** ['tæ' 'daj 'ekə æ' de]

Acuerdos

Sí.
Ja.
['jæ]

Sí, claro.
Ja, helt sikkert.
['jæ, 'heˀlt 'sekʌt]

Bien.
Godt!
['gʌt]

Muy bien.
Meget godt.
['maað 'gʌt]

¡Claro que sí!
Bestemt!
[be'stɛmˀt]

Estoy de acuerdo.
Jeg er enig.
['jɑj 'æɐ̯ 'eːni]

Es verdad.
Det er korrekt.
[de 'æɐ̯ ko'ʁakt]

Es correcto.
Det er rigtigt.
[de 'æɐ̯ 'ʁɛgtit]

Tiene razón.
Du har ret.
[du hɑˀ 'ʁat]

No me molesta.
Jeg har ikke noget imod det.
[jɑ hɑˀ 'ekə 'noːəð i'moðˀ de]

Es completamente cierto.
Helt korrekt.
['heˀlt ko'ʁakt]

Es posible.
Det er muligt.
[de 'æɐ̯ 'muːlit]

Es una buena idea.
Det er en god idé.
[de 'æɐ̯ en 'goðˀ i'deˀ]

No puedo decir que no.
Jeg kan ikke sige nej.
[jɑ kan 'ekə 'siː 'nɑjˀ]

Estaré encantado /encantada/.
Jeg ville være glad for.
[jɑj 'vilə 'vɛɐ̯ 'glað fə]

Será un placer.
Med glæde.
[mɛ 'glɛːðə]

Rechazo. Expresar duda

No.

Nej.
[nɑjˀ]

Claro que no.

Bestemt ikke.
[beˈstɛmˀt ˈekə]

No estoy de acuerdo.

Jeg er ikke enig.
[ˈjɑj ˈæe̯ ˈekə ˈeːni]

No lo creo.

Jeg tror det ikke.
[jɑ ˈtʁoˀe̯ de ˈekə]

No es verdad.

Det er ikke sandt.
[de ˈæe̯ ˈekə ˈsant]

No tiene razón.

Du tager fejl.
[du ˈtæˀe̯ ˈfɑjˀl]

Creo que no tiene razón.

Jeg tror, du tager fejl.
[jɑ ˈtʁoˀe̯, du ˈtæˀe̯ ˈfɑjˀl]

No estoy seguro /segura/.

Jeg er ikke sikker.
[ˈjɑj ˈæe̯ ˈekə ˈsekʌ]

No es posible.

Det er umuligt.
[de ˈæe̯ uˈmuˀlit]

¡Nada de eso!

Overhovedet ikke!
[ɒwʌˈhoːədəð ˈekə]

Justo lo contrario.

Det stik modsatte.
[de ˈstek ˈmoðˌsatə]

Estoy en contra de ello.

Jeg er imod det.
[ˈjɑj ˈæe̯ iˈmoðˀ de]

No me importa. (Me da igual.)

Jeg er ligeglad.
[ˈjɑj ˈæe̯ ˈliːəˌglað]

No tengo ni idea.

Jeg aner det ikke.
[ˈjɑj ˈæːnə de ˈekə]

Dudo que sea así.

Jeg tvivler på det.
[jɑ ˈtviwlə pɔˀ de]

Lo siento, no puedo.

Undskyld, jeg kan ikke.
[ˈɔnˌskylˀ, jɑ kanˀ ˈekə]

Lo siento, no quiero.

Undskyld, jeg ønsker ikke at.
[ˈɔnˌskylˀ, jɑ ˈønskɐ ˈekə ʌ]

Gracias, pero no lo necesito.

Tak, men jeg har ikke brug for dette.
[tɑk, mɛn jɑ ˈhɑˀ ˈekə ˈbʁuˀ fə ˈdɛtə]

Ya es tarde.

Det bliver sent.
[de ˈbliɐ̯ ˈseˀnt]

Tengo que levantarme temprano.

Jeg er nødt til at stå tidligt op.
['jɑj 'æɐ̯ nøˀt te ʌ 'stɔˀ 'tiðlit ʌp]

Me encuentro mal.

Jeg føler mig dårlig.
[jɑ 'føːlɐ̯ mɑj 'dɒːli]

Expresar gratitud

Gracias. — **Tak.**
[tɑk]

Muchas gracias. — **Mange tak.**
['mɑŋə 'tɑk]

De verdad lo aprecio. — **Jeg sætter virkeligt pris på det.**
[jɑ sɛtʌ 'viɐ̯kəlit 'pʁiˀs pɔˀ de]

Se lo agradezco. — **Jeg er dig virkeligt taknemmelig.**
['jɑj 'æɐ̯ dɑ 'viɐ̯kəlit tɑk'nɛmˀəli]

Se lo agradecemos. — **Vi er dig virkeligt taknemmelige.**
['vi 'æɐ̯ dɑ 'viɐ̯kəlit tɑk'nɛmˀəliə]

Gracias por su tiempo. — **Tak for din tid.**
[tɑk fə din 'tiðˀ]

Gracias por todo. — **Tak for alt.**
[tɑk fə 'alˀt]

Gracias por … — **Tak for …**
[tɑk fə …]

su ayuda — **din hjælp**
[din 'jɛlˀp]

tan agradable momento — **en dejlig tid**
[en 'dɑjli 'tiðˀ]

una comida estupenda — **et vidunderligt måltid**
[ed við'ɔnˀʌlit 'mʌlˌtiðˀ]

una velada tan agradable — **en hyggelig aften**
[en 'hygəli 'ɑftən]

un día maravilloso — **en vidunderlig dag**
[en við'ɔnˀʌli 'dæˀ]

un viaje increíble — **en fantastisk rejse**
[en fan'tastisk 'ʁɑjsə]

No hay de qué. — **Glem det.**
['glɛm de]

De nada. — **Du er velkommen.**
[du 'æɐ̯ 'vɛlˌkʌmˀən]

Siempre a su disposición. — **Når som helst.**
['nɒˀ sʌm 'hɛlˀst]

Encantado /Encantada/ de ayudarle. — **Intet problem.**
['entəð pʁo'bleˀm]

No hay de qué. — **Glem det.**
['glɛm de]

No tiene importancia. — **Tag dig ikke af det.**
['tæˀ 'dɑj 'ekə æˀ de]

Felicitaciones , Mejores Deseos

¡Felicidades!

Til lykke!
[te 'løkə]

¡Feliz Cumpleaños!

Tillykke med fødselsdagen!
[tə'løkə mɛ 'føsəls͵dæˀən]

¡Feliz Navidad!

Glædelig jul!
['glɛːðəli 'juˀl]

¡Feliz Año Nuevo!

Godt Nytår!
['gʌt 'nyt͵ɒˀ]

¡Felices Pascuas!

God påske!
['goðˀ 'pɔːskə]

¡Feliz Hanukkah!

Glædelig Hanukkah!
['glɛːðəli 'hanuka]

Quiero brindar.

Jeg vil gerne udbringe en skål.
[jɑj ve 'gæɐ̯nə 'uð͵bʁɛŋˀə en 'skɔˀl]

¡Salud!

Skål!
['skɔˀl]

¡Brindemos por ...!

Lad os skåle for ...!
[lað ʌs 'skɔːlə fə ...!]

¡A nuestro éxito!

Til vores succes!
[te 'vɒɒs syk'se]

¡A su éxito!

Til din succes!
[te din syk'se]

¡Suerte!

Held og lykke!
['hɛlˀ ʌ 'løkə]

¡Que tenga un buen día!

Hav en dejlig dag!
['hɑˀ en 'dɑjli 'dæˀ]

¡Que tenga unas buenas vacaciones!

Hav en god ferie!
['hɑˀ en 'goðˀ 'feɐ̯ˀiə]

¡Que tenga un buen viaje!

Har en sikker rejse!
['hɑˀ en 'sekʌ 'ʁɑjsə!]

¡Espero que se recupere pronto!

Jeg håber du får det bedre snart!
[jɑ 'hɔːbʌ du fɒˀ de 'bɛðʁʌ 'snɑˀt]

Socializarse

¿Por qué está triste?	**Hvorfor er du ked af det?** ['vɔfʌ 'æɐ̯ du 'keð' æ' de?]
¡Sonría! ¡Anímese!	**Smil! Op med humøret!** ['smi'l! ʌb mɛ hu'mø'ɐ̯əð]
¿Está libre esta noche?	**Er du fri i aften?** [æɐ̯ du 'fʁi' i 'aftən?]

¿Puedo ofrecerle algo de beber?	**Må jeg tilbyde dig en drink?** [mɔ' ja 'tel‚by'ðə 'daj en 'dɾiŋk?]
¿Querría bailar conmigo?	**Kunne du tænke dig at danse?** ['kunə du 'tɛŋkə daj ʌ 'dansə?]
Vamos a ir al cine.	**Lad os gå i biografen.** [lað ʌs 'gɔ' i bio'gʁɑ'fən]

¿Puedo invitarle a ...?	**Må jeg invitere dig til ...?** [mɔ' ja envi'te'ʌ dɑ te ...?]
un restaurante	**en restaurant** [en ʁɛsto'ʁɑŋ]
el cine	**biografen** [bio'gʁɑ'fən]
el teatro	**teatret** [te'æ'tɐ̯əð]
dar una vuelta	**at gå en tur** [ʌ 'gɔ' en 'tuɐ̯']

¿A qué hora?	**På hvilket tidspunkt?** [pɔ 'velkəð 'tiðspɔŋ't?]
esta noche	**i aften** [i 'aftən]
a las seis	**klokken seks** ['klʌkən 'sɛks]
a las siete	**klokken syv** ['klʌkən 'syw']
a las ocho	**klokken otte** ['klʌkən 'ɔ:tə]
a las nueve	**klokken ni** ['klʌkən 'ni']

¿Le gusta este lugar?	**Kan du lide det her?** ['kan du 'li:ðə de 'hɛ'ɐ̯?]
¿Está aquí con alguien?	**Er du her med nogen?** [æɐ̯ du 'hɛ'ɐ̯ mɛ 'noən?]
Estoy con mi amigo /amiga/.	**Jeg er sammen med min ven.** ['jaj 'æɐ̯ 'sɑm'ən mɛ min 'vɛn]

Estoy con amigos.	**Jeg er sammen med mine venner.** ['jɑj 'æɡ̊ 'sɑmˀən mɛ'miːnə 'vɛnʌ]
No, estoy solo /sola/.	**Nej, jeg er alene.** [nɑjˀ, jɑ 'æɡ̊ a'leːnə]

¿Tienes novio?	**Har du en kæreste?** ['haˀ du en 'kæɡ̊ʌstə?]
Tengo novio.	**Jeg har en kæreste.** [jɑ haˀ en 'kæɡ̊ʌstə]
¿Tienes novia?	**Har du en kæreste?** ['haˀ du en 'kæɡ̊ʌstə?]
Tengo novia.	**Jeg har en kæreste.** [jɑ haˀ en 'kæɡ̊ʌstə]

¿Te puedo volver a ver?	**Kan jeg se dig igen?** ['kanˀ jɑ seˀ dɑj i'ɡɛn?]
¿Te puedo llamar?	**Kan jeg ringe til dig?** ['kanˀ jɑ 'ʁɛŋə te dɑjˀ]
Llámame.	**Ring til mig.** ['ʁɛŋə te mɑj]
¿Cuál es tu número?	**Hvad er dit nummer?** ['vað 'æɡ̊ dit 'nɔmˀʌ?]
Te echo de menos.	**Jeg savner dig.** [jɑ 'sɑwnɡ̊ dɑj]

¡Qué nombre tan bonito!	**Du har et smukt navn.** [du haˀ et 'smɔkt 'nɑwˀn]
Te quiero.	**Jeg elsker dig.** ['jɑj 'ɛlskʌ dɑj]
¿Te casarías conmigo?	**Vil du gifte dig med mig?** ['ve du 'gifte 'dɑj mɛ mɑj?]
¡Está de broma!	**Du spøger!** [du 'spøːjə]
Sólo estoy bromeando.	**Jeg spøger.** [jɑ 'spøːjə]

¿En serio?	**Mener du det alvorligt?** ['meːnʌ du de al'vɒˀlit?]
Lo digo en serio.	**Jeg mener det alvorligt.** [jɑ 'meːnʌ de al'vɒˀlit]
¿De verdad?	**Virkeligt?!** ['viɡ̊kəlit?!]
¡Es increíble!	**Det er utroligt!** [de 'æɡ̊ u'tʁoˀlit]
No le creo.	**Jeg tror dig ikke.** [jɑ 'tʁoˀɡ̊ 'dɑj 'ekə]
No puedo.	**Jeg kan ikke.** [jɑ kan 'ekə]
No lo sé.	**Jeg ved det ikke.** [jɑj ve de 'ekə]
No le entiendo.	**Jeg forstår dig ikke.** [jɑ fə'stɡ̊ dɑj 'ekə]

Váyase, por favor.

Gå din vej.
['gɔˀ din 'vɑjˀ]

¡Déjeme en paz!

Lad mig være!
[lað mɑj 'vɛɐ̯ˀ]

Es inaguantable.

Jeg kan ikke fordrage ham.
[jɑ kan 'ekə fə'dʁɑˀwə hɑm]

¡Es un asqueroso!

Du er modbydelig!
[du 'æɐ̯ moð'byðˀəli]

¡Llamaré a la policía!

Jeg ringer til politiet!
[jɑ 'ʁɛŋʌ te poli'tiˀəð]

Compartir impresiones. Emociones

Me gusta.	**Jeg kan lide det.** [jɑ kan 'liːðə de]
Muy lindo.	**Meget fint.** ['mɑɑð 'fiˀnt]
¡Es genial!	**Det er godt!** [de 'æɐ̯ 'gʌt]
No está mal.	**Det er ikke dårligt.** [de 'æɐ̯ 'ekə 'dɒːlit]

No me gusta.	**Jeg kan ikke lide det.** [jɑ kan 'ekə 'liːðə de]
No está bien.	**Det er ikke godt.** [de 'æɐ̯ 'ekə 'gʌt]
Está mal.	**Det er dårligt.** [de 'æɐ̯ 'dɒːlit]
Está muy mal.	**Det er meget dårligt.** [de 'æɐ̯ 'mɑɑð 'dɒːlit]
¡Qué asco!	**Det er ulækkert.** [de 'æɐ̯ 'uˌlɛkʌt]

Estoy feliz.	**Jeg er glad.** ['jɑj 'æɐ̯ 'glɑð]
Estoy contento /contenta/.	**Jeg er tilfreds.** ['jɑj 'æɐ̯ teˈfʁɛs]
Estoy enamorado /enamorada/.	**Jeg er forelsket.** ['jɑj 'æɐ̯ fəˈɛlˀskəð]
Estoy tranquilo.	**Jeg er rolig.** ['jɑj 'æɐ̯ 'ʁoːli]
Estoy aburrido.	**Jeg keder mig.** [jɑ 'keːðʌ mɑj]

Estoy cansado /cansada/.	**Jeg er træt.** ['jɑj 'æɐ̯ 'tʁat]
Estoy triste.	**Jeg er ked af det.** ['jɑj 'æɐ̯ 'keð' æˀ de]
Estoy asustado.	**Jeg er bange.** ['jɑj 'æɐ̯ 'bɑŋə]
Estoy enfadado /enfadada/.	**Jeg er vred.** ['jɑj 'æɐ̯ 'vʁɛðˀ]

Estoy preocupado /preocupada/.	**Jeg er bekymret.** ['jɑj 'æɐ̯ beˈkʰømˀʁʌð]
Estoy nervioso /nerviosa/.	**Jeg er nervøs.** ['jɑj 'æɐ̯ næɐ̯ˈvøˀs]

Estoy celoso /celosa/.

Jeg er misundelig.
['jɑj 'æɐ̯ mis'ɔn'əli]

Estoy sorprendido /sorprendida/.

Jeg er overrasket.
['jɑj 'æɐ̯ 'ɒwʌˌʁɑskəð]

Estoy perplejo /perpleja/.

Jeg er forvirret.
['jɑj 'æɐ̯ fʌ'viɐ̯'ʌð]

Problemas, Accidentes

Tengo un problema.	**Jeg har fået et problem.** [ja ha' fɒ' et pʁo'bleˀm]
Tenemos un problema.	**Vi har fået et problem.** ['vi ha' 'fɒ' et pʁo'bleˀm]
Estoy perdido /perdida/.	**Jeg forstår ikke.** [ja fə'stɐ̩ 'ekə]
Perdi el último autobús (tren).	**Jeg kom for sent til den sidste bus (tog).** [ja 'kʌm' fə 'seˀnt te dən 'sistə bus ('tɔˀw)]
No me queda más dinero.	**Jeg har ikke nogen penge tilbage.** [ja ha' 'ekə 'noən 'pɛŋə te'bæːjə]

He perdido ...	**Jeg har mistet min ...** [ja ha' 'mestəð min ...]
Me han robado ...	**Nogen stjal mit ...** ['noən 'stjæˀl mit ...]
mi pasaporte	**pas** ['pas]
mi cartera	**tegnebog** ['tajnəbɔˀw]
mis papeles	**papirer** [pa'piːɐ̩']
mi billete	**billet** [bi'lɛt]

mi dinero	**penge** ['pɛŋə]
mi bolso	**håndtaske** ['hʌn'taskə]
mi cámara	**kamera** ['kæˀmɐʁa]
mi portátil	**laptop** ['lap,tʌp]
mi tableta	**tablet computer** ['tablɛt kʌm'pjuːtʌ]
mi teléfono	**mobiltelefon** [mo'bil telə'foˀn]

¡Ayúdeme!	**Hjælp mig!** ['jɛlˀp maj]
¿Qué pasó?	**Hvad er der sket?** ['vað 'æɐ̩ 'dɛˀɐ̩ 'skeˀð?]

el incendio	**brand** ['bʁɑnˀ]
un tiroteo	**skyderi** [skyðʌˈʁiˀ]
el asesinato	**mord** ['moˀɐ̯]
una explosión	**eksplosion** [ɛksploˈɕoˀn]
una pelea	**kamp** ['kɑmˀp]

¡Llame a la policía!	**Ring til politiet!** ['ʁɛŋə te poliˈtiˀəð]
¡Más rápido, por favor!	**Vær sød at skynde dig!** ['vɛɐ̯ˀ 'søðˀ ʌ 'skønə 'dɑj]
Busco la comisaría.	**Jeg leder efter politistationen.** [jɑ 'leːðə 'ɛftʌ poliˈti staˈɕoˀnən]
Tengo que hacer una llamada.	**Jeg har brug for at foretage et opkald.** [jɑ hɑˀ 'bʁuˀ fə ʌ 'foːɒ̯ˌtæˀ et 'ʌpkalˀ]
¿Puedo usar su teléfono?	**Må jeg bruge din telefon?** [mɔˀ jɑ 'bʁuːə din teləˈfoˀn?]

Me han ...	**Jeg er blevet ...** ['jɑj 'æɐ̯ 'blewəð ...]
asaltado /asaltada/	**overfaldet** ['ɒwʌˌfalˀəð]
robado /robada/	**røvet** ['ʁœwəð]
violada	**voldtaget** ['vʌlˌtæˀəð]
atacado /atacada/	**angrebet** ['anˌgʁɛˀbəð]

¿Se encuentra bien?	**Er du okay?** [æɐ̯ du ɔwˈkɛj?]
¿Ha visto quien a sido?	**Så du, hvem det var?** ['sɔˀ du, vɛm de 'vɑ?]
¿Sería capaz de reconocer a la persona?	**Ville du være i stand til at genkende personen?** ['vilə du 'vɛɐ̯ˀ i 'stan te ʌ 'gɛnˌkɛnˀə pæɐ̯ˈsoˀnən?]
¿Está usted seguro?	**Er du sikker?** ['æɐ̯ du 'sekʌ?]

Por favor, cálmese.	**Fald til ro.** ['falˀ te 'ʁoˀ]
¡Cálmese!	**Tag det roligt!** ['tæˀ de 'ʁoːlit]
¡No se preocupe!	**Det går nok!** [de gɔˀ 'nʌk]
Todo irá bien.	**Alt vil være OK.** ['alˀt ve 'vɛɐ̯ˀ ɔwˈkɛj]

Todo está bien.	**Alt er okay.** ['al'ʔt 'æɐ̯ ɔw'kɛj]
Venga aquí, por favor.	**Kom her.** [kʌm' 'hɛʔɐ̯]
Tengo unas preguntas para usted.	**Jeg har nogle spørgsmål til dig.** [ja ha' 'noːlə 'sbœɐ̯s,mɔ'l te 'daj]
Espere un momento, por favor.	**Vent et øjeblik.** ['vɛnt et 'ʌjəˌblek]

¿Tiene un documento de identidad?	**Har du nogen ID?** ['haʔ du 'noən 'iʔ"de'ʔ?]
Gracias. Puede irse ahora.	**Tak. Du kan gå nu.** [tɑk. du kan 'gɔ' nu]
¡Manos detrás de la cabeza!	**Hænderne bag hovedet!** ['hɛn'ʌnə 'bæ' 'hoːðəð]
¡Está arrestado!	**Du er anholdt!** [du 'æɐ̯ 'anˌhʌlt]

Problemas de salud

Ayudeme, por favor.	**Vær sød at hjælpe mig.** ['vɛɐ̯ˀ 'søðˀ ʌ 'jɛlpə mɑj]
No me encuentro bien.	**Jeg føler mig dårlig.** [jɑ ˈføːlɐ mɑj 'dɒːli]
Mi marido no se encuentra bien.	**Min mand føler sig dårlig.** [min 'manˀ 'føːlɐ sɑj 'dɒːli]
Mi hijo …	**Min søn …** [min 'sœn …]
Mi padre …	**Min far …** [min 'fɑː …]
Mi mujer no se encuentra bien.	**Min kone føler sig dårlig.** [min 'koːnə 'føːlɐ sɑj 'dɒːli]
Mi hija …	**Min datter …** [min 'datʌ …]
Mi madre …	**Min mor …** [min 'moɐ̯ …]
Me duele …	**Jeg har fået …** [jɑ hɑˀ fɒˀ …]
la cabeza	**hovedpine** ['hoːəðˌpiːnə]
la garganta	**ondt i halsen** ['ɔnt i 'halˀsən]
el estómago	**mavepine** ['mæːvə 'piːnə]
un diente	**tandpine** ['tanˌpiːnə]
Estoy mareado.	**Jeg føler mig svimmel.** [jɑ ˈføːlɐ mɑj 'svemˀəl]
Él tiene fiebre.	**Han har feber.** [han hɑˀ 'feˀbʌ]
Ella tiene fiebre.	**Hun har feber.** [hun hɑˀ 'feˀbʌ]
No puedo respirar.	**Jeg kan ikke få vejret.** [jɑ kan 'ekə fɔˀ 'vɑjˌʁat]
Me ahogo.	**Jeg er forpustet.** ['jɑj 'æɐ̯ fəˀpuˀstəð]
Tengo asma.	**Jeg er astmatiker.** ['jɑj 'æɐ̯ astˀmæˀtikʌ]
Tengo diabetes.	**Jeg er diabetiker.** ['jɑj 'æɐ̯ diaˈbeˀtikʌ]

No puedo dormir.	**Jeg kan ikke sove.**
	[jɑ kan 'ekə 'sɒwə]
intoxicación alimentaria	**madforgiftning**
	['maðfʌˌgiftneŋ]

Me duele aquí.	**Det gør ondt her.**
	[de 'gœɐ̯ ɔnt 'hɛˀɐ̯]
¡Ayúdeme!	**Hjælp mig!**
	['jɛlˀp mɑj]
¡Estoy aquí!	**Jeg er her!**
	['jɑj 'æɐ̯ 'hɛˀɐ̯]
¡Estamos aquí!	**Vi er her!**
	['vi 'æɐ̯ 'hɛˀɐ̯]
¡Saquenme de aquí!	**Få mig ud herfra!**
	['fɔˀ mɑj 'uðˀ 'hɛˀɐ̯ˌfʁɑˀ]
Necesito un médico.	**Jeg har brug for en læge.**
	[jɑ hɑˀ 'bʁuˀ fə en 'lɛːjə]
No me puedo mover.	**Jeg kan ikke bevæge sig.**
	[jɑ kan 'ekə be'vɛˀjə 'sɑj]
No puedo mover mis piernas.	**Jeg kan ikke bevæge mine ben.**
	[jɑ kan 'ekə be'vɛˀjə 'miːnə 'beˀn]

Tengo una herida.	**Jeg har et sår.**
	[jɑ hɑˀ et 'sɒˀ]
¿Es grave?	**Er det alvorligt?**
	[æɐ̯ de al'vɒˀlit?]
Mis documentos están en mi bolsillo.	**Mine papirer ligger i min lomme.**
	['miːnə pa'piːɐ̯ˀ 'legʌ i min 'lʌmə]
¡Cálmese!	**Tag det roligt!**
	['tæˀ de 'ʁoːlit]
¿Puedo usar su teléfono?	**Må jeg bruge din telefon?**
	[mɔˀ jɑ 'bʁuːə din telə'foˀn?]

¡Llame a una ambulancia!	**Ring efter en ambulance!**
	['ʁɛŋə 'ɛftʌ en ambu'lɑŋsə]
¡Es urgente!	**Det haster!**
	[de 'hastə]
¡Es una emergencia!	**Det er en nødsituation!**
	[de 'æɐ̯ en 'nød sitwa'ɕoˀn]
¡Más rápido, por favor!	**Vær sød at skynde dig!**
	['vɛɐ̯ˀ 'søðˀ ʌ 'skønə 'dɑj]
¿Puede llamar a un médico, por favor?	**Vil du venligst ringe til en læge?**
	['ve du 'vɛnlist 'ʁɛŋə te en 'lɛːjə?]
¿Dónde está el hospital?	**Hvor er hospitalet?**
	[vɒˀ 'æɐ̯ hɔspi'tæˀləð?]

¿Cómo se siente?	**Hvordan har du det?**
	[vɒ'dan hɑˀ du de?]
¿Se encuentra bien?	**Er du okay?**
	[æɐ̯ du ɔw'kɛj?]
¿Qué pasó?	**Hvad er der sket?**
	['vað 'æɐ̯ 'dɛˀɐ̯ 'skeˀð?]

Me encuentro mejor. **Jeg har det bedre nu.**
[ja hɑˀ de 'bɛðʁʌ 'nu]

Está bien. **Det er OK.**
[de 'æɡ̊ ɔwˈkɛj]

Todo está bien. **Det er OK.**
[de 'æɡ̊ ɔwˈkɛj]

En la farmacia

la farmacia	**apotek** [ɑpoˈteˀk]
la farmacia 24 horas	**døgnåbent apotek** [ˈdʌjˀn ˈɔːbənt ɑpoˈteˀk]
¿Dónde está la farmacia más cercana?	**Hvor er det nærmeste apotek?** [vɒˀ ˈæɐ̯ de ˈnæɐ̯məstə ɑpoˈteˀk?]

¿Está abierta ahora?	**Holder det åbent nu?** [ˈhʌlʌ de ˈɔːbənt ˈnu?]
¿A qué hora abre?	**Hvornår åbner det?** [vɒˈnɒˀ ˈɔːbnʌ de?]
¿A qué hora cierra?	**Hvornår lukker det?** [vɒˈnɒˀ ˈlokɐ̯ de?]

¿Está lejos?	**Er det langt væk?** [æɐ̯ de ˈlɑŋˀt vɛk?]
¿Puedo llegar a pie?	**Kan jeg komme derhen til fods?** [ˈkanˀ ja ˈkʌmə ˈdɛˀɐ̯ˈhɛn te ˈfoˀðs?]
¿Puede mostrarme en el mapa?	**Kan du vise mig på kortet?** [ˈkan du ˈviːsə maj pɔ ˈkɒːtəð?]

Por favor, deme algo para …	**Kan du give mig noget for …** [ˈkan du giˀ maj ˈnoːəð fə …]
un dolor de cabeza	**hovedpine** [ˈhoːəðˌpiːnə]
la tos	**hoste** [ˈhoːstə]
el resfriado	**forkølelse** [fʌˈkøˀləlsə]
la gripe	**influenza** [enfluˈɛnsa]

la fiebre	**feber** [ˈfeˀbʌ]
un dolor de estomago	**ondt i maven** [ˈɔnt i ˈmæːvən]
nauseas	**kvalme** [ˈkvalmə]
la diarrea	**diarré** [diaˈʁɛˀ]
el estreñimiento	**forstoppelse** [fʌˈstʌpəlsə]
un dolor de espalda	**rygsmerter** [ˈʁɶg ˈsmæɐ̯tə]

un dolor de pecho	**brystsmerter** ['bʁɶst 'smæɐ̯tə]
el flato	**sidesting** ['si:ðə 'steŋ']
un dolor abdominal	**mavesmerter** ['mæ:və 'smæɐ̯tə]

la píldora	**pille** ['pelə]
la crema	**salve, creme** ['salvə, 'kʁɛ'm]
el jarabe	**sirup** ['si'ʁɔp]
el spray	**spray** ['spʁɛj]
las gotas	**dråber** ['dʁɔ:bʌ]

Tiene que ir al hospital.	**Du er nødt til at tage på hospitalet.** [du 'æɐ̯ 'nø'̍t te ʌ tæ' pɔ hɔspi'tæ'ləð]
el seguro de salud	**sygesikring** ['sy:ə͵sekʁɛŋ]
la receta	**recept** [ʁɛ'sɛpt]
el repelente de insectos	**mygge-afskrækker** ['mygə-'ɑw͵skʁakʌ]
la curita	**hæfteplaster** ['hɛftə 'plastʌ]

Lo más imprescindible

Perdone, …

Undskyld, …
[ˈɔnˌskylˀ, …]

Hola.

Hej.
[ˈhɑj]

Gracias.

Tak.
[tɑk]

Sí.

Ja.
[ˈjæ]

No.

Nej.
[nɑjˀ]

No lo sé.

Jeg ved det ikke.
[jɑj ve de ˈekə]

¿Dónde? | ¿A dónde? | ¿Cuándo?

Hvor? | Hvorhen? | Hvornår?
[ˈvɒˀ? | ˈvɒˀˌhɛn? | vɒˈnɒˀ?]

Necesito …

Jeg har brug for …
[jɑ hɑˀ ˈbʁuˀ fə …]

Quiero …

Jeg vil …
[jɑj ve …]

¿Tiene …?

Har du …?
[ˈhɑˀ du …?]

¿Hay … por aquí?

Er der en … her?
[æɐ̯ ˈdɛˀɐ̯ en … hɛˀɐ̯?]

¿Puedo …?

Må jeg …?
[mɔˀ ja …?]

…, por favor? (petición educada)

… venligst
[… ˈvɛnlist]

Busco …

Jeg leder efter …
[jɑ ˈleːðə ˈɛftʌ …]

el servicio

toilet
[toaˈlɛt]

un cajero automático

udbetalingsautomat
[uðˀbeˈtæˀleŋs ɑwtoˈmæˀt]

una farmacia

apotek
[ɑpoˈteˀk]

el hospital

hospital
[hɔspiˈtæˀl]

---

la comisaría

politistation
[poliˈti staˈɕoˀn]

el metro

metro
[ˈmeːtʁo]

un taxi	**taxi** ['tɑksi]
la estación de tren	**togstation** ['tɔw sta'ɕoˀn]

Me llamo …	**Mit navn er …** [mit 'nɑwˀn 'æɐ̯ …]
¿Cómo se llama?	**Hvad er dit navn?** ['vað 'æɐ̯ dit nɑwˀn?]
¿Puede ayudarme, por favor?	**Kan du hjælpe mig?** ['kan du 'jɛlpə mɑj?]
Tengo un problema.	**Jeg har fået et problem.** [jɑ hɑˀ foˀ et pʁo'bleˀm]
Me encuentro mal.	**Jeg føler mig dårlig.** [jɑ 'føːlɐ mɑj 'dɔːli]
¡Llame a una ambulancia!	**Ring efter en ambulance!** ['ʁɛŋə 'ɛftʌ en ɑmbu'laŋsə]
¿Puedo llamar, por favor?	**Må jeg foretage et opkald?** [mɔˀ jɑ 'foːɒˌtæˀ et 'ʌpkalˀ?]

Lo siento.	**Det er jeg ked af.** [de 'æɐ̯ jɑ 'keðˀ æˀ]
De nada.	**Selv tak.** [sɛlˀ tak]

Yo	**Jeg, mig** [jɑj, mɑj]
tú	**du** [du]
él	**han** [han]
ella	**hun** [hun]
ellos	**de** [di]
ellas	**de** [di]
nosotros /nosotras/	**vi** [vi]
ustedes, vosotros	**I, De** [I, di]
usted	**De** [di]

ENTRADA	**INDGANG** ['enˌgaŋˀ]
SALIDA	**UDGANG** ['uðˌgaŋˀ]
FUERA DE SERVICIO	**UDE AF DRIFT** ['uːðə æˀ 'dʁɛft]
CERRADO	**LUKKET** ['lɔkəð]

ABIERTO	**ÅBEN** ['ɔːbən]
PARA SEÑORAS	**TIL KVINDER** [te 'kvenʌ]
PARA CABALLEROS	**TIL MÆND** [te 'mɛnˀ]

BOOKS

T&P

MINI DICCIONARIO

Esta sección contiene 250
palabras útiles necesarias
para la comunicación diaria.
Encontrará ahí los nombres
de los meses y de los días
de la semana.
El diccionario también
contiene temas relevantes
tales como colores, medidas,
familia, y más

T&P Books Publishing

CONTENIDO DEL DICCIONARIO

T&P Books Publishing

tiempo (m)	**tid** (f)	['tið']
hora (f)	**time** (f)	['ti:mə]
media hora (f)	**en halv time**	[en 'hal' 'ti:mə]
minuto (m)	**minut** (i)	[me'nut]
segundo (m)	**sekund** (i)	[se'kɔn'd]
hoy (adv)	**i dag**	[i 'dæ']
mañana (adv)	**i morgen**	[i 'mɒːɒn]
ayer (adv)	**i går**	[i 'gɒ']
lunes (m)	**mandag** (f)	['man'da]
martes (m)	**tirsdag** (f)	['tiɐ̯'sda]
miércoles (m)	**onsdag** (f)	['ɔn'sda]
jueves (m)	**torsdag** (f)	['tɒ'sda]
viernes (m)	**fredag** (f)	['fɐɛ'da]
sábado (m)	**lørdag** (f)	['lœɐ̯da]
domingo (m)	**søndag** (f)	['sœn'da]
día (m)	**dag** (f)	['dæ']
día (m) de trabajo	**arbejdsdag** (f)	['ɑːbɑjds‚dæ']
día (m) de fiesta	**festdag** (f)	['fɛst‚dæ']
fin (m) de semana	**weekend** (f)	['wiːˌkɛnd]
semana (f)	**uge** (f)	['uːə]
semana (f) pasada	**sidste uge**	[i 'sistə 'uːə]
semana (f) que viene	**i næste uge**	[i 'nɛstə 'uːə]
por la mañana	**om morgenen**	[ʌm 'mɒːɒnən]
por la tarde	**om eftermiddagen**	[ʌm 'ɛftʌme‚dæ'ən]
por la noche	**om aftenen**	[ʌm 'ɑftənən]
esta noche (p.ej. 8:00 p.m.)	**i aften**	[i 'ɑftən]
por la noche	**om natten**	[ʌm 'natən]
medianoche (f)	**midnat** (f)	['mið‚nat]
enero (m)	**januar** (f)	['januˌɑ']
febrero (m)	**februar** (f)	['febʁuˌɑ']
marzo (m)	**marts** (f)	['mɑːts]
abril (m)	**april** (f)	[a'pʁi'l]
mayo (m)	**maj** (f)	['mɑj']
junio (m)	**juni** (f)	['juˀni]
julio (m)	**juli** (f)	['juˀli]
agosto (m)	**august** (f)	[ɑw'gɔst]

septiembre (m)	september (f)	[sep'tɛmˀbʌ]
octubre (m)	oktober (f)	[ok'toˀbʌ]
noviembre (m)	november (f)	[no'vɛmˀbʌ]
diciembre (m)	december (f)	[de'sɛmˀbʌ]

en primavera	om foråret	[ʌm 'foːˌɒˀð]
en verano	om sommeren	[ʌm 'sʌmʌən]
en otoño	om efteråret	[ʌm 'ɛftʌˌɒˀð]
en invierno	om vinteren	[ʌm 'venˀtʌən]

mes (m)	måned (f)	['mɔːnəð]
estación (f)	årstid (f)	['ɒːsˌtiðˀ]
año (m)	år (i)	['ɒˀ]

2. Números. Los numerales

cero	nul	['nɔl]
uno	en	['en]
dos	to	['toˀ]
tres	tre	['tʁɛˀ]
cuatro	fire	['fiˀʌ]

cinco	fem	['fɛmˀ]
seis	seks	['sɛks]
siete	syv	['sywˀ]
ocho	otte	['ɔːtə]
nueve	ni	['niˀ]
diez	ti	['tiˀ]

once	elleve	['ɛlvə]
doce	tolv	['tʌlˀ]
trece	tretten	['tʁatən]
catorce	fjorten	['fjoɐtən]
quince	femten	['fɛmtən]

dieciséis	seksten	['sɑjstən]
diecisiete	sytten	['søtən]
dieciocho	atten	['atən]
diecinueve	nitten	['netən]

veinte	tyve	['tyːvə]
treinta	tredive	['tʁaðvə]
cuarenta	fyrre	['fœɐʌ]
cincuenta	halvtreds	[hal'tʁɛs]

sesenta	tres	['tʁɛs]
setenta	halvfjerds	[hal'fjæɐ̯s]
ochenta	firs	['fiɐ̯ˀs]
noventa	halvfems	[hal'fɛmˀs]
cien	hundrede	['hunʌðə]

doscientos	tohundrede	['tɔwˌhunʌðə]
trescientos	trehundrede	['tʁɛˌhunʌðə]
cuatrocientos	firehundrede	['fiɐ̯ˌhunʌðə]
quinientos	femhundrede	['fɛmˌhunʌðə]
seiscientos	sekshundrede	['sɛksˌhunʌðə]
setecientos	syvhundrede	['sywˌhunʌðə]
ochocientos	ottehundrede	['ɔːtəˌhunʌðə]
novecientos	nihundrede	['niˌhunʌðə]
mil	tusind	['tuʔsən]
diez mil	titusind	['tiˌtuʔsən]
cien mil	hundredetusind	['hunʌðəˌtuʔsən]
millón (m)	million (f)	[mili'oʔn]
mil millones	milliard (f)	[mili'ɑʔd]

3. El ser humano. Los familiares

hombre (m) (varón)	mand (f)	['manʔ]
joven (m)	ung mand, yngling (f)	['ɔŋ manʔ], ['øŋleŋ]
mujer (f)	kvinde (f)	['kvenə]
muchacha (f)	pige (f)	['piːə]
anciano (m)	gammel mand (f)	['gɑməl 'manʔ]
anciana (f)	gammel dame (f)	['gɑməl 'dæːmə]
madre (f)	mor (f), moder (f)	['moɐ̯], ['moːðʌ]
padre (m)	far (f), fader (f)	['fɑː], ['fæːðʌ]
hijo (m)	søn (f)	['sœn]
hija (f)	datter (f)	['datʌ]
hermano (m)	bror (f)	['bʁoɐ̯]
hermana (f)	søster (f)	['søstʌ]
padres (pl)	forældre (pl)	[fʌ'ɛlʔdʁʌ]
niño -a (m, f)	barn (i)	['bɑʔn]
niños (pl)	børn (pl)	['bœɐ̯ʔn]
madrastra (f)	stedmor (f)	['stɛðˌmoɐ̯]
padrastro (m)	stedfar (f)	['stɛðˌfɑː]
abuela (f)	bedstemor (f)	['bɛstəˌmoɐ̯]
abuelo (m)	bedstefar (f)	['bɛstəˌfɑː]
nieto (m)	barnebarn (i)	['bɑːnəˌbɑʔn]
nieta (f)	barnebarn (i)	['bɑːnəˌbɑʔn]
nietos (pl)	børnebørn (pl)	['bœɐ̯nəˌbœɐ̯ʔn]
tío (m)	onkel (f)	['ɔŋʔkəl]
tía (f)	tante (f)	['tantə]
sobrino (m)	nevø (f)	[ne'vø]
sobrina (f)	niece (f)	[ni'ɛːsə]
mujer (f)	kone (f)	['koːnə]

marido (m)	mand (f)	['man']
casado (adj)	gift	['gift]
casada (adj)	gift	['gift]
viuda (f)	enke (f)	['ɛŋkə]
viudo (m)	enkemand (f)	['ɛŋkə,man']

| nombre (m) | navn (i) | ['nɑw'n] |
| apellido (m) | efternavn (i) | ['ɛftʌ,nɑw'n] |

pariente (m)	slægtning (f)	['slɛgtneŋ]
amigo (m)	ven (f)	['vɛn]
amistad (f)	venskab (i)	['vɛn,skæ'b]

compañero (m)	partner (f)	['pɑːtnʌ]
superior (m)	overordnet (f)	['ɒwʌ,ɒ'dnəð]
colega (m, f)	kollega (f)	[ko'leːga]
vecinos (pl)	naboer (pl)	['næːboː'ʌ]

4. El cuerpo. La anatomía humana

cuerpo (m)	krop (f)	['kʁʌp]
corazón (m)	hjerte (i)	['jæɐ̯tə]
sangre (f)	blod (i)	['bloˀð]
cerebro (m)	hjerne (f)	['jæɐ̯nə]

hueso (m)	ben (i)	['be'n]
columna (f) vertebral	rygrad (f)	['ʁɒeg,ʁɑˀð]
costilla (f)	ribben (i)	['ʁi,be'n]
pulmones (m pl)	lunger (f pl)	['loŋʌ]
piel (f)	hud (f)	['huðˀ]

cabeza (f)	hoved (i)	['hoːəð]
cara (f)	ansigt (i)	['ansegt]
nariz (f)	næse (f)	['nɛːsə]
frente (f)	pande (f)	['panə]
mejilla (f)	kind (f)	['ken']

boca (f)	mund (f)	['mɔn']
lengua (f)	tunge (f)	['toŋə]
diente (m)	tand (f)	['tan']
labios (m pl)	læber (f pl)	['lɛːbʌ]
mentón (m)	hage (f)	['hæːjə]

oreja (f)	øre (i)	['øːʌ]
cuello (m)	hals (f)	['hal's]
ojo (m)	øje (i)	['ʌjə]
pupila (f)	pupil (f)	[pu'pil']
ceja (f)	øjenbryn (i)	['ʌjən,bʁyˀn]
pestaña (f)	øjenvippe (f)	['ʌjən,vepə]
pelo, cabello (m)	hår (i pl)	['hɒ']

peinado (m)	frisure (f)	[fʁi'sy'ʌ]
bigote (m)	moustache (f)	[mu'stæːɕ]
barba (f)	skæg (i)	['skɛ'g]
tener (~ la barba)	at have	[ʌ 'hæːvə]
calvo (adj)	skaldet	['skaləð]

mano (f)	hånd (f)	['hʌn']
brazo (m)	arm (f)	['ɑ'm]
dedo (m)	finger (f)	['feŋ'ʌ]
uña (f)	negl (f)	['nɑj'l]
palma (f)	håndflade (f)	['hʌnˌflæːðə]

hombro (m)	skulder (f)	['skulʌ]
pierna (f)	ben (i)	['be'n]
rodilla (f)	knæ (i)	['knɛ']
talón (m)	hæl (f)	['hɛ'l]
espalda (f)	ryg (f)	['ʁœg]

5. La ropa. Accesorios personales

ropa (f)	tøj (i), klæder (i pl)	['tʌj], ['klɛːðʌ]
abrigo (m)	frakke (f)	['fʁakə]
abrigo (m) de piel	pels (f), pelskåbe (f)	['pɛl's], ['pɛlsˌkɔːbə]
cazadora (f)	jakke (f)	['jɑkə]
impermeable (m)	regnfrakke (f)	['ʁɑjnˌfʁakə]

camisa (f)	skjorte (f)	['skjoɐ̯tə]
pantalones (m pl)	bukser (pl)	['bɔksʌ]
chaqueta (f), saco (m)	jakke (f)	['jɑkə]
traje (m)	jakkesæt (i)	['jɑkəˌsɛt]

vestido (m)	kjole (f)	['kjoːlə]
falda (f)	nederdel (f)	['neðʌˌde'l]
camiseta (f) (T-shirt)	t-shirt (f)	['tiːˌɕœːt]
bata (f) de baño	badekåbe (f)	['bæːðəˌkɔːbə]
pijama (m)	pyjamas (f)	[py'jæːmas]
ropa (f) de trabajo	arbejdstøj (i)	['ɑːbɑjdsˌtʌj]

ropa (f) interior	undertøj (i)	['ɔnʌˌtʌj]
calcetines (m pl)	sokker (f pl)	['sʌkʌ]
sostén (m)	bh (f), brystholder (f)	[be'hɔ'], ['bʁœstˌhʌl'ʌ]
pantimedias (f pl)	strømpebukser (pl)	['stʁœmbəˌbɔksʌ]
medias (f pl)	strømper (f pl)	['stʁœmpʌ]
traje (m) de baño	badedragt (f)	['bæːðəˌdʁɑgt]

gorro (m)	hue (f)	['huːə]
calzado (m)	sko (f)	['sko']
botas (f pl) altas	støvler (f pl)	['stœwlʌ]
tacón (m)	hæl (f)	['hɛ'l]
cordón (m)	snøre (f)	['snœːʌ]

betún (m)	skocreme (f)	['sko‚kʁɛ'm]
guantes (m pl)	handsker (f pl)	['hanskʌ]
manoplas (f pl)	vanter (f pl)	['van'tʌ]
bufanda (f)	halstørklæde (i)	['hals 'tœɐ̯‚klɛ:ðə]
gafas (f pl)	briller (pl)	['bʁɛlʌ]
paraguas (m)	paraply (f)	[pɑɑ'ply']
corbata (f)	slips (i)	['sleps]
moquero (m)	lommetørklæde (i)	['lʌmə‚tœɐ̯klɛ:ðə]
peine (m)	kam (f)	['kɑm']
cepillo (m) de pelo	hårbørste (f)	['hɒ‚bœɐ̯stə]
hebilla (f)	spænde (i)	['spɛnə]
cinturón (m)	bælte (i)	['bɛltə]
bolso (m)	dametaske (f)	['dæ:me:‚taskə]

6. La casa. El apartamento

apartamento (m)	lejlighed (f)	['lɑjli‚heð']
habitación (f)	rum, værelse (i)	['ʁom'], ['væɐ̯ʌlsə]
dormitorio (m)	soveværelse (i)	['sɒwə‚væɐ̯ʌlsə]
comedor (m)	spisestue (f)	['spi:sə‚stu:ə]
salón (m)	dagligstue (f)	['dɑwli‚stu:ə]
despacho (m)	arbejdsværelse (i)	['ɑ:bɑjds‚væɐ̯ʌlsə]
antecámara (f)	entre (f), forstue (f)	[ɑŋ'tʁɛ], ['fɒ‚stu:ə]
cuarto (m) de baño	badeværelse (i)	['bæ:ðe‚væɐ̯ʌlsə]
servicio (m)	toilet (i)	[toa'lɛt]
aspirador (m), aspiradora (f)	støvsuger (f)	['støw‚su'ʌ]
fregona (f)	moppe (f)	['mʌpə]
trapo (m)	klud (f)	['kluð']
escoba (f)	fejekost (f)	['fɑjə‚kɔst]
cogedor (m)	fejeblad (i)	['fɑjə‚blɑð]
muebles (m pl)	møbler (pl)	['mø'blʌ]
mesa (f)	bord (i)	['bo'ɐ̯]
silla (f)	stol (f)	['sto'l]
sillón (m)	lænestol (f)	['lɛ:nə‚sto'l]
espejo (m)	spejl (i)	['spɑj'l]
tapiz (m)	tæppe (i)	['tɛpə]
chimenea (f)	pejs (f), kamin (f)	['pɑj's], [ka'mi'n]
cortinas (f pl)	gardiner (i pl)	[gɑ'di'nʌ]
lámpara (f) de mesa	bordlampe (f)	['bo‚lɑmpə]
lámpara (f) de araña	lysekrone (f)	['lysə‚kʁo:nə]
cocina (f)	køkken (i)	['køkən]
cocina (f) de gas	gaskomfur (i)	['gas‚kɔm'fuɐ̯']
cocina (f) eléctrica	elkomfur (i)	['ɛl‚kɔm'fuɐ̯']

horno (m) microondas	**mikroovn** (f)	['mikʁoˌɒwˀn]
frigorífico (m)	**køleskab** (i)	['køːləˌskæˀb]
congelador (m)	**fryser** (f)	['fʁyːsʌ]
lavavajillas (m)	**opvaskemaskine** (f)	[ʌp'vaskə ma'skiːnə]
grifo (m)	**hane** (f)	['hæːnə]
picadora (f) de carne	**kødhakker** (f)	['køðˌhɑkʌ]
exprimidor (m)	**juicepresser** (f)	['dʒuːsˌpʁasʌ]
tostador (m)	**brødrister, toaster** (f)	['bʁœðˌʁɛstʌ], ['towstʌ]
batidora (f)	**mikser, mixer** (f)	['meksʌ]
cafetera (f) (aparato de cocina)	**kaffemaskine** (f)	['kɑfə ma'skiːnə]
hervidor (m) de agua	**kedel** (f)	['keðəl]
tetera (f)	**tekande** (f)	['teˌkanə]
televisor (m)	**tv, fjernsyn** (i)	['teˀˌveˀ], ['fjæɡnˌsyˀn]
vídeo (m)	**video** (f)	['viˀdjo]
plancha (f)	**strygejern** (i)	['stʁyəˌjæɡˀn]
teléfono (m)	**telefon** (f)	[teləˈfoˀn]

www.ingramcontent.com/pod-product-compliance
Lightning Source LLC
Chambersburg PA
CBHW070840050426
42452CB00011B/2359